Faszination
Schönbuch

Ein Report aus dem Wald

Oertel+Spörer

Faszination
Schönbuch

Ein Report aus dem Wald

Alle Fotos: Roland Bengel
Grafik Seite 129: Stephanie Hausch
Foto Seite 88: Roland Bengel, mit freundlicher Genehmigung der Staatlichen Schlösser
und Gärten Baden-Württemberg

Seite 76: Aquarell von Jacob Ramminger: Schlößlin im Schöbuoch zun Ainsideln
oder S. Petern. Württembergische Landesbibliothek. Cod.hist.fol.261

Seite 78: Gadner-Karte: Tibinger Vorst. Schambvech. Landesarchiv Baden-Württemberg.
Hauptstaatsarchiv Stuttgart. Signatur: N3 Nr.1 Bl.16

Bibliografische Information der Deutschen Nationalbibliothek
Die Deutsche Nationalbibliothek verzeichnet diese Publikation in der Deutschen Nationalbibliografie;
detaillierte bibliografische Daten sind im Internet über http://dnb.d-nb.de abrufbar.

© Oertel+Spörer • Verlags-GmbH+Co.KG 2011
Postfach 16 42 • 72706 Reutlingen

Alle Rechte vorbehalten
Umschlaggestaltung, Satz und Layout: Stephanie Hausch, Reutlingen
Druck und Einband: Longo AG, I-Bozen
Printed in Italy
ISBN 978-3-88627-475-8

Besuchen Sie uns im Internet und informieren Sie sich über unser vielfältiges Verlagsprogramm:
www.oertel-spoerer.de

INHALTSVERZEICHNIS

VORWORT:

IM BANNKREIS VON NATUR UND KULTUR

Am Rande des Schönbuchs aufgewachsen, wurde dieses Fleckchen Erde für mich bald nicht nur Ausflugsziel, sondern wichtiger Erfahrungsraum. Anfangs noch auf die Beobachtung von Rotwild fixiert, lernte ich später die wunderbare Atmosphäre des Waldes im Kreislauf der Natur kennen und schätzen. Aufsteigender Nebel am frühen Morgen, der Geruch des Waldbodens nach einem Sommerregen, das goldene Herbstlicht im Blätterwald, das vollmondbeschienene Goldersbachtal, das vorsichtige Vortasten im dunklen Forst während einer Nachtwanderung oder die spannungsgeladene Stimmung bei der Wildbeobachtung prägten sich bei mir als Erlebnis- und Wunschbilder so sehr ein, dass ich den Schönbuch immer wieder als Erholungs- und Rückzugsort aufsuchte. Auf diese Weise wurde mir der Schönbuch nicht nur vertrauter, er wurde mir zur Heimat.

Bunt, vielgestaltig, farbenprächtig – so präsentiert sich mir der Schönbuch noch heute. Gegenüber meinen frühen Wanderungen zwischen 1960 und 1970 hat sich vieles verändert. Geblieben aber ist bis heute die Faszination über ein einmaliges Waldgebiet. Diese Faszination in Worte zu fassen und mit aktuellen Naturaufnahmen widerzuspiegeln ist Sinn dieser Anthologie. Dabei geht es nicht zuerst um die Sichtweise des Autors. Vielmehr soll durch die Einbeziehung verschiedener Akteure und die Fokussierung auf ganz unterschiedliche Themenbereiche aufgezeigt werden, dass der Schönbuch aus diversen interessanten Blickwinkeln wahrgenommen, erlebt und dargestellt werden kann. Die thematische Einschränkung ließ sich im Rahmen eines Buches mit beispielhaft ausgewählten Reportagen, Berichten und Reflexionen nicht

vermeiden. Doch im Schönbuch schlummern noch viele versteckte Geschichten. Der Schönbuch wartet nur darauf, immer wieder neu entdeckt zu werden.

Auf Schritt und Tritt atmet diese einmalige Natur- und Kulturlandschaft aber auch bedeutungsvolle Geschichte. Das hat einen Grund: Die Zisterzienser machten Bebenhausen, die Perle des Schönbuchs, reich und weit über die Grenzen der Region hinaus berühmt. Und auch die württembergischen Herzöge und Könige nutzten den Schönbuch als ihr Jagdgebiet und trugen letztlich dazu bei, dass das zusammenhängende Waldgebiet bis zum heutigen Tag erhalten geblieben ist. Doch mehrfach war der Schönbuch existenziell gefährdet. Jahrhundertelang wurde der Wald übernutzt. Zum Ende des 20. Jahrhunderts sollte ein Flughafen den Schönbuch durchschneiden. Das konnte in letzter Sekunde abgewendet werden. Der Schönbuch ist mithin auch ein Mahnmal gegen Naturzerstörung.

Dieses Buch nimmt ein einzigartiges Waldgebiet in den Blick. Dazu war ich mit Förstern und Jägern, mit Waldarbeitern und Waldläufern, mit Wissenschaftlern und Wanderern, mit einem Naturfotografen und einer Kräuterfrau, mit einer Vogelkundlerin und einem fliegenden Forstmann unterwegs. Zweimal traf ich den Dichter Peter Härtling im Schönbuch. Meist aber habe ich ganz allein dieses Juwel erkundet. Eine Erfahrung möchte ich weitergeben: Wer in diese zauberhafte Natur eintaucht, wird ihren Wert direkt erfahren und ihren Schutz als unmittelbares Anliegen für sich selbst begreifen.

EIN DANKESCHÖN:

DAMIT DER WALD ÜBERLEBT

Dieses Buch verdankt seine Entstehung vielen Begleitern. Ich danke allen, die daran mitgewirkt haben. Gabriele Schäfer-Lehari ist als Erste zu nennen. Sie hat das Projekt angeregt. Ohne ihre Initiative wäre das Buch eine Idee geblieben. Die Universität Tübingen hat in unzähligen Beiträgen den Schönbuch zum vielseitigen Forschungsgegenstand gemacht. Viele frühe wissenschaftliche Arbeiten, zum Beispiel von Eduard Paulus oder Friedrich August Tscherning, würden sich aber nur einem interessierten Fachpublikum öffnen, hätte die Universität Tübingen nicht selbst immer wieder das Thema Schönbuch reflektiert. Einen wahren Schatz von Einsichten birgt dabei eine Ringvorlesung an der Universität Tübingen, die in einem Buch mit dem Titel »Der Schönbuch. Mensch und Wald in Geschichte und Gegenwart« zusammengefasst wurde. Den einzelnen Autoren, die ihrerseits durch weitere Publikationen wichtige Erkenntnisse zum Thema Schönbuch gebracht haben, fühle ich mich gleichfalls zu einem Dankeschön verpflichtet, darunter Ingrid Gamer-Wallert, Sönke Lorenz, Hermann Grees, Christoph Morrissey, Wilfried Setzler, Barbara Scholkmann, Rudolf Kiess, Peter Stoll, Thomas Vogel und Wolfgang Sannwald. Es wären noch viele weitere zu nennen, einige davon kommen im Buch selbst zur Sprache. Wertvolle Tipps gab mir der frühere Forstpräsident Fritz-Eberhard Griesinger.

In dem Zusammenhang darf auch dem Förderverein Naturpark Schönbuch e. V. ein Dankeschön gesagt werden, der – um nur eines von vielen Beispielen zu nennen – die Kleindenkmale im Schönbuch aufgespürt, katalogisiert und auf einer Internetseite veröffentlicht hat. Direkt oder indirekt hat davon auch diese Arbeit profitiert. Silvia Höfer und Oliver Jirosch haben sich die Mühe gemacht, das Manuskript buchstäblich zu durchforsten. Stephanie Hausch hat mit der Gestaltung des Layouts das Buch erst zu einem Schmuckstück gemacht.

Bei zahlreichen Forstfachleuten habe ich ein offenes Ohr gefunden. Stellvertretend für viele andere sind Oberforstrat Götz Graf Bülow vom Landratsamt Tübingen, Jürgen Wippel vom Ministerium für Ernährung und Ländlichen Raum Baden-Württemberg und Mathias Allgäuer, Geschäftsführer des Naturparks Schönbuch, zu nennen. Sie alle haben erkannt, dass der Schönbuch im Schnittpunkt ganz unterschiedlicher Interessen liegt. Danach ist der Wald nicht nur Holzlieferant, sondern auch Heimat für Tiere und Pflanzen. Nicht zuletzt aber ist der Schönbuch ein Erholungsraum für Menschen. Durch ein entsprechendes Besucherkonzept, zum Beispiel ein weit verzweigtes Wegenetz, Grillstellen, Spielplätze, Schutzhütten, Wildgehege oder Wildbeobachtungspunkte, sollen die Erholung suchenden Menschen eingeladen werden, den Schönbuch für sich zu entdecken und zu erleben, über seine großen und kleinen Wunder zu staunen und die Natur als schützenswert zu erkennen. Das Dankeschön an die aufgeführten Personen verstehe ich als eine Verpflichtung, mich weiter für die bedrohte Natur einzusetzen – damit der Wald auch für künftige Generationen da ist. Denn wenn der Wald stirbt, stirbt auch der Mensch.

Roland Bengel
Reutlingen, im Frühjahr 2011

9

EIN KLEINOD ZUR ERHOLUNG:

DIE GRÜNE INSEL

Der Schönbuch ist eine einmalige Waldlandschaft. Inmitten eines prosperierenden Wirtschaftsraumes gelegen, wirkt das geschlossene Waldgebiet zwischen Weil im Schönbuch, Tübingen, Herrenberg und Neuenhaus wie eine grüne Insel. 156 Quadratkilometer groß ist dieses Kleinod, wie geschaffen für Erholung und Entspannung.

Fast 600 Kilometer lang ist das Wegenetz im Wald, groß genug für variantenreiche Wanderungen und diverse sportliche Aktivitäten. Viele Besucher werden angezogen von den wunderschönen Biotopen und der abwechslungsreichen Vegetation. Seit jeher fasziniert der mäandernde Goldersbach und der liebliche

Olgahain die Wanderer. Die zerklüftete Waldlandschaft mit ihren langgezogenen Bergrücken und markanten Taleinschnitten bietet eine einzigartige und abwechslungsreiche Flora und Fauna. Wenn unten im tief eingeschnittenen Tal des Goldersbaches die ersten Frühlingsblumen blühen, kann es sein, dass oben, auf dem 250 Meter höher gelegenen Bromberg, noch Schnee liegt. Viele kleine Bachläufe plätschern über die 200 Millionen Jahre alte Bänke des Stubensandsteins. Als Publikumsmagnete erweisen sich auch die zahlreichen Seen, Weiher und Quellen. Jahr für Jahr wird der Naturpark Schönbuch von rund vier Millionen Menschen besucht. Die Tourismusbranche sowie die Naturschutzverbände BUND und NABU machen sich sogar für einen »Nationalpark Schönbuch« stark. Doch ob mit oder ohne dieses Label: Das Waldgebiet ist Heimat für zahlreiche Tiere. Viele seltene Arten haben sich hier angesiedelt: Im Steinriegelhang jagen Fledermäuse. Der seltene Eisvogel hat sich das Goldersbachtal als Lebensraum ausgesucht. Zwar sind Wolf und Luchs auch hier längst ausgestorben. Doch mit etwas Glück kann man im Schön-

Bachläufe plätschern über 200 Millionen Jahre alte Sandsteinbänke.

Moorgebiet beim Birkensee

Die Fohlenweide aus der Vogelperspektive

buch in freier Wildbahn Rothirsche beobachten. In dem 40 Quadratkilometer großen Rotwildgatter sind sie die Besucherattraktion schlechthin. Das große Waldgebiet bietet zudem etwas, was in unserer schnelllebigen und hoch technisierten Zeit immer seltener zu werden droht: Stille und Ruhe. Riesige Buchen, uralte Eichen und Linden sind stille Zeugen einer ursprünglichen Natur. Der Schönbuch ist jedoch nicht nur ein Naturraum, er ist auch ein Kulturraum mit einer reichhaltigen Geschichte. Kelten betrieben hier Ackerbau und Viehzucht. Römer besiedelten das Land. Zisterzienser dominierten von Bebenhausen aus weite Teile der Region. Grafen, Herzöge und Könige jagten in den Wäldern rund um den Bromberg, Steingart, Kirnberg und Betzenberg. Diese Geschichte hat tiefe Spuren hinterlassen.

Bereits 1972 wurde der Schönbuch zum ersten Naturpark des Landes Baden-Württemberg erklärt. Hintergrund ist allerdings eine wenig ruhmreiche Geschichte. Denn das als Landschaftsschutzgebiet ausgewiesene Schmuckstück der Natur sollte zur Erweiterung für den Stuttgarter Flughafen herhalten. Dank des couragierten Einsatzes von zahlreichen Bürgern, vorneweg des Tübinger Landrats Oskar Klumpp, konnte dieses Großprojekt gerade noch verhindert werden. Der Schönbuch ist mithin auch ein Zeichen des bürgerschaftlichen En-

Bebenhäuser Allee beim Einsiedel

gagements für die Natur; er ist ein Symbol gegen Umweltzerstörung. Daran erinnern die Oskar-Klumpp-Eiche bei der Teufelsbrücke und die Mahneiche im oberen Kirnbachtal, wo die Startbahn das idyllische Land hätte queren sollen. Selbstverständlich wird der Schönbuch – wie schon Jahrhunderte zuvor – forstwirtschaftlich genutzt. Ein Naturparkplan versucht dabei, die unterschiedlichen Interessen von Naturschutz und Landschaftspflege, von Forst- und Landwirtschaft sowie von Erholung suchenden Menschen miteinander in Einklang zu bringen. Ein wichtiges Anliegen ist es dabei, den Schönbuch trotz der unterschiedlichen Nutzungsinteressen in seiner natürlichen, historischen und kulturellen Einmaligkeit lebendig zu halten. Zwei sehenswerte Museen geben dazu reichlich Einblick: Das Schönbuch-Museum in Dettenhausen und das Informationszentrum im Schreibturm des Klosters Bebenhausen.

AUS DER VOGELPERSPEKTIVE:

DER FLIEGENDE FÖRSTER

Erwin Herre ist Förster von Beruf und Berufung. Er leitet das Revier in Breitenholz. Doch zu seinem Hobby hat der 59-Jährige das Fliegen gemacht. Über 500 Mal ist er als Pilot in der Luft gewesen, mindestens 300 Mal über den Schönbuch geflogen. Das kann Vorteile haben. So entdeckte er im Jahr 2001 während eines Fluges über den Schönbuch einen Brand auf der Fohlenweide. Über Funk benachrichtigte er seinen Kollegen Rainer Pohl vom Forstrevier Bebenhausen. Die Feuerwehr war bald darauf zur Stelle. Der Brand wurde gelöscht, ohne dass größerer Schaden entstanden ist.

Heute sitzt Erwin Herre im Cockpit eines properen Motorseglers. Unmittelbar vor dem Start setzt er den Kopfhörer auf und geht in aller Ruhe die Checkliste in der »Dimona HK 36 TTC« durch. Routiniert überprüft er Pedale und Ruder, Beladeplan und Benzinstand. »Sprit ist ausreichend da«, sagt er, dann startet er den Motor der 115 PS starken Maschine, die mit allerlei technischen Finessen wie Fahrtmesser, Höhenmesser, Funkgerät und GPS ausgerüstet ist. Jetzt nimmt er Funkkontakt zum Tower des Poltringer Flugplatzes auf, wo Gerhard Hocker, Gründungsmitglied des Unterjesinger Flugsportvereins, die Übersicht hat und die Freigabe zum Flug erteilen wird. »Wir gehen zum Motorcheck auf die Eins-Punkt-Sieben und starten dann von der 35«, sagt Erwin Herre und meint damit die vom Flugleiter vorgegebene Startposition. »Alles okay«, bekommt er zur Antwort.

Die Maschine rollt langsam zum Rollfeld. Nochmals eine Sprechprobe. Es geht gemächlich zu. Mir geht es fast etwas zu langsam. Erwin Herre, der fliegende Förster vom Schönbuch, bemerkt sogleich die Ungeduld seines Nachbarn in der zweisitzigen Maschine. Dann sagt er ruhig: »Der Motor muss fünf Minuten vor dem Start warmlaufen.« Bald darauf hoppelt das Fluggerät langsam über die Wiese zum Rollfeld. »Wir starten in Richtung 350 Grad«, sagt der Pilot –

was immer das auch heißen mag. Der Startcheck beginnt. Ist die Haube richtig verriegelt? Sind die Gurte angelegt? Dann werden Zündung und Kühlluftklappe geprüft. »Alles im grünen Bereich«, sagt der Forstmann, den in seinem lockeren Outfit nicht das Geringste an einen Grünrock im Wald erinnert.

Dann lädt der Pilot die GPS-Karte. »Der Flugplatz hat die Kennung »EDSP«, sagt Herre und fügt süffisant hinzu: »Das heißt Europa-Deutschland-Stuttgart-Poltringen« und ich überlege mir, ob er mir einen Merksatz auf den Weg gegeben hat oder ob ich einem Jägerlatein aufgesessen bin. Doch irgendwie hört sich der Jargon von Abkürzungen professionell an: GPS, EDSP, 350 Grad, Eins-Sieben. Ich fühle mich also gut aufgehoben an der Seite des Freizeitpiloten.

Grenzenlose Freiheit über dem Schönbuch

Das ehemalige Zisterzienserkloster Bebenhausen

»Golfhotel abflugbereit«, erklärt Herre. Es ist 9.20 Uhr. Gerhard Hocker sagt ein paar unverständliche Worte in den Äther, die sich so anhören wie einst die hoch- und niedersausenden Töne in angepeilten Kurzwellenempfängern. Und dann beschleunigt die antriebsstarke Maschine so schnell, dass wir wenige Sekunden später über dem 150 Quadratkilometer großen Schönbuch schweben. Blauer Himmel über uns und darunter grüner Wald. Nichts ist schöner als fliegen! Der Flug geht jetzt direkt zur Königlichen Jagdhütte, die von weit ausladenden Buchen und Eichen verdeckt ist und von mir nur durch die davorliegende Wiese geortet werden kann. Mehrmals umkreisen wir den Platz auf dem Steingart. »Kann ich die Maschine noch etwas schräger halten, dann können Sie direkt auf die Hütte sehen?«, fragt er mich über Funk. Und noch ehe ich antworten kann, sehe ich das stattliche Holzhaus, flankiert vom Alten Jagdhüttenweg, aus bislang ungewohntem Blick direkt unter mir. Dann geht es hinüber zum Goldersbach, dem »Tal der Täler« im Schönbuch. Herrlich, wie der Bach seine Kurven in das Gestein geschnitten hat, denke ich. Von oben sieht man besonders gut, wie sich der Goldersbach wellenförmig talabwärts schlängelt. Und schon fliegen wir hinüber zum Hofgut Einsiedel. Wie mit dem

Lineal gezogen sehen die Alleen aus. Im Hintergrund sieht man den Neckar. Dahinter erhebt sich die Schwäbische Alb wie eine »blaue Wand« über der tiefer gelegenen Talebene. Dann fliegt der Pilot nach Bebenhausen, wo er die Maschine in einem besonders steilen Winkel über das Dorf zieht. Auf diese Weise ergibt sich eine tadellose Sicht auf die Klosteranlage. Jahrhundertelang hat sie den Zisterziensermönchen als Wohn- und Arbeitsstätte gedient, bis sie nach der Reformation zu einer evangelischen Klosterschule umgewidmet und später von den württembergischen Herzögen und Königen als Jagdschloss genutzt wurde. Hinter der »Teufelsbrücke« offenbart ein Blick Richtung Bromberg noch immer jene Schäden, die der Sturm »Lothar« im Schönbuch vor über zehn Jahren angerichtet hat.

Nach einer Linkskurve fliegt der Motorsegler, der eine Spannweite von 16,6 Metern hat, nun auch schon wieder zurück zum Poltringer Sonderlandeplatz, auf dem nur vereinseigene Motorflugzeuge starten und landen dürfen. Mir aber kommt es vor, als ob ich nicht nur in Poltringen, Stuttgart, Deutschland und Europa gewesen bin, sondern für einen Wimpernschlag die große, grenzenlose Freiheit erfahren hätte. Und nie war mir präsenter als in Begleitung des fliegenden Försters, dass die Zeit tatsächlich wie im Flug vergehen kann.

Blick vom Falkenkopf: Der mäandernde Goldersbach beim Ziegelweiher

Goldersbachtal: Das »Tal der Täler« im Schönbuch – aus der Vogelperspektive

FRÜHJAHRSBLÜTE IM AMMERTAL:

SCHNEEWEISSER GLANZ AM SCHÖNBUCHRAND

Streuobstwiesen schmücken die Landschaft. Insbesondere im Frühjahr entfaltet sich in diesen Obstgärten der Zauber eines harmonischen Farbenspiels: Die Wiesengräser haben mit der wärmeren Jahreszeit eine satt-grüne Farbe bekommen. Dazwischen recken gelbe Wiesenblumen ihre Köpfe in die Luft und wiegen sich im Wind.

Am südlichen Schönbuchrand aber wird das Auge des Betrachters an diesem Sonnentag im April von unzähligen Kirschbäumen in den Bann gezogen, deren Blüten jetzt in schneeweißem Glanz erstrahlen. Wie eine grau-schwarze Wand hebt sich dahinter der Schönbuchtrauf ab, und über alldem spannt sich ein stahlblauer Himmel – farbenprächtiger und kontrastreicher kann die Natur wohl kaum sein.

Streuobstwiesen sind eher Kultur- als Naturdenkmale. Denn diese Obstgärten sind einst künstlich angelegt worden. Der Not gehorchend pflanzten unsere Vorfahren rund um die Dörfer Obstbäume, um sich auch im Winter mit den eingelagerten Früchten versorgen zu können. Neben speziellen Weideflächen für Vieh und Geflügel entstanden so nach und nach baumbestandene Mäh- oder Mahdwiesen, die mehrere Funktionen hatten. Sie dienten mit ihren Erträgen nicht nur Mensch (Obst, Dörrobst, Most) und Tier (Heu, Öhmd) als wichtige Nahrung im Winter, sondern trugen gleichzeitig zum Boden- und Wasserschutz bei, weil sie auch auf Brachflächen angelegt werden konnten, die zur ackerbaulichen Nutzung weniger taugten, etwa an Steilhängen oder mageren Böden. Zudem leisten Streuobstwiesen einen wichtigen Beitrag zum Klimaschutz.

Kontrastreiche Natur

*Arbeiten in idyllischer Landschaft im Ammertal,
am Fuße des Schönbuchs.*

Naturschützer schätzen, dass auf Streuobstbeständen heute über 5 000 Tier- und Pflanzenarten leben – so viele, wie in kaum einem anderen Lebensraum. Ohne die Streuobstwiesen hätten also viele Vögel oder Insekten keine Lebensgrundlage. Viele Pflanzen könnten ohne sie nicht mehr existieren. Als Grüngürtel bereichern sie auch die Orte selbst. Ihre Bedeutung kann auch in ökologischer Sicht nicht hoch genug eingeschätzt werden. Immer häufiger wird erkannt, dass die unterschiedlichen Obstbaumsorten einen Wert an sich darstellen. Mit der Veredelung der Wildobstbäume wurden seit der Steinzeit immer mehr Sorten gezüchtet. Streuobstwiesen bilden ein unschätzbares Gen-Reservoir.

Streuobstwiesen schmücken die Landschaft und sind ökologisch sehr wertvoll.

Umso mehr ist zu beklagen, dass die Zerstörung von Streuobstwiesen durch Menschenhand fortschreitet. Für viele Obstbauern und Nebenerwerbslandwirte ist die Bewirtschaftung einer Streuobstwiese unwirtschaftlich. Das hängt mit den Strukturveränderungen in der Landwirtschaft und der im Preis zum Ausdruck kommenden Geringschätzung des heimischen Obstes zusammen. Auch der ökologische Wert einer Streuobstwiese und die Bedeutung als Naherholungsraum werden zwar allgemein erkannt, aber bis heute finanziell nicht adäquat gefördert. Davon wissen auch die Obstbauern am südlichen Schönbuchrand ein Lied zu singen.

Wie eine weiße Rose: Apfelblüte

EIN WALDLÄUFER ERZÄHLT:

DIE MAGIE DES WALDES

Albert Renz hält sich rund 200 Tage im Jahr im Schönbuch auf – und das seit vielen Jahren. Es gibt deshalb kaum jemanden, der sich hier besser auskennt als er. »Der Schönbuch ist ein Eldorado«, sagt der 73-jährige Rentner, der regelmäßig der Magie des Waldes erliegt. Wenn Albert Renz vom Schönbuch spricht, leuchten seine Augen. Fast scheint es so, als sei er hier daheim – jedenfalls während des Tages, denn wenn die Dämmerung einbricht, geht er nach Hause. »Da hab' ich im Wald nichts mehr zu suchen«, sagt er trocken.

Vor einigen Jahren hat sich der Schönbuch-Kenner zusammen mit einigen anderen Interessierten aufgemacht, die Denksteine im Schönbuch aufzuspüren, sie zu katalogisieren und teilweise auch zu restaurieren. Doch auch die riesigen Schönbuch-Bäume haben es ihm angetan: Albert Renz kennt sie alle, zu vielen kann er eine Geschichte erzählen. Und ebenso sind ihm die Namen der Distrikte im Schönbuch so geläufig, wie die Wege und Stege kreuz und quer durch das 156 Quadratkilometer große Waldgebiet.

Sein Herz schlägt jedoch für die Könige des Waldes. Auch heute hat er an einem Beobachtungspunkt Platz genommen, um mit seiner Digitalkamera ein paar Hirsche einzufangen. Das Interesse an seiner Person ist ihm dabei fremd. »Im Schönbuch, da geht es doch ums Rotwild.« Die Leidenschaft dafür trägt er seit 50 Jahren in sich. Albert Renz ging schon als junger Mann auf die Pirsch. »Der Schönbuch bietet fast alles«, sagt er, »das hat mich schon immer fasziniert.« So legte er sich einen Fotoapparat zu und fotografierte, was ihm im Schönbuch vor die Linse kam: »Rotwild, Rehwild, Wildschweine, Vögel.« Alles hat ihn interessiert. Vieles davon hat er dokumentiert. »Früher gab es Rotwild en masse«, sagt er. Das hört sich so an, als ob er einen kleinen Vorwurf auf den Lippen trägt. Rund 700 bis 800 Stück Rotwild zogen in den 60er-Jahren durch den Schönbuch, schätzt der Naturfreund. »Da hatte man Anblicke, von denen man heut' nur träumen kann«, sagt er und gerät sofort ins Schwärmen.

So lag er einmal zwischen der Schindereiche und der Goldersbach-Hütte auf der Lauer, als es plötzlich einen riesigen Schlag getan hat. »Ein Düsenjäger durchbrach die Schallmauer. In der Beckenklinge lagen 48 Kolbenhirsche, die sind alle gemeinsam hochgeschreckt und drüben die Alte Weinsteige hoch.« Ein andermal war er in der Katermannshalde unterwegs, als ihm 50 Exemplare direkt vor die Kamera liefen. Sehnsuchtsvoll blickt der Tier-Liebhaber in diese unvergessliche Zeit zurück.

Die »Könige des Waldes«: Im Schönbuch leben etwa 150 Hirsche.

Albert Renz in seinem Element – bei der Tierbeobachtung mitten im Wald.

Um seine Begeisterung für den Schönbuch zu erklären, muss man noch etwas tiefer in seine Kindheitsgeschichte eintauchen, die Albert Renz sofort einfällt, wenn die Sprache auf die Faszination des Waldes kommt. Kurz nach dem Krieg, es muss im Winterhalbjahr 1946/47 gewesen sein, hat er zusammen mit seinen Eltern im Schönbuch Bucheckern gesammelt. »Wir haben sie immer von den Buchen runter geschlagen, auf mitgebrachten Planen eingesammelt und dann mit dem Auto zur Ölmühle gebracht«, erinnert sich Albert Renz. Dabei hat sein Vater den Autoschlüssel verloren. Der damals achtjährige Albert wurde daraufhin mit einer Aufgabe betraut, die einem Kind schier unerfüllbar erscheinen musste. Er sollte zu Hause den Ersatzschlüssel holen und lief deshalb zu Fuß von der Schindereiche zum Elternhaus nach Weil im Schönbuch und wieder zurück. »Ich bin gelaufen wie eine Wanz' und hab den Schlüssel gebracht«, sagt er heute und fügt etwas wehmütig hinzu: »Das war ein schönes und markantes Erlebnis meiner Jugend.«

Bald darauf machte er weitere prägende Erfahrungen im Schönbuch. Er hatte das Glück, den Heimatforscher Walter Hahn zum Lehrer zu haben, der nach dem Zweiten Weltkrieg das Buch »Eine Wanderung durch den Schönbuch« wohl deshalb geschrieben hatte, weil er nach Krieg und Gefangenschaft die Schönheit der Heimat als einzigartiges Gut empfand. Hahn machte von Weil im Schönbuch aus mit seiner Klasse ausgedehnte Wanderungen durch den Schönbuch: zur Ruine Müneck bei Breitenholz oder zum Grafenberg bei Kay, zum Schloss Roseck hoch über Unterjesingen oder zur Burg nach Hohenentringen. Albert Renz prägte sich die Wege ein und ging sie später alle nach. Stück für Stück erschloss er sich so den Schönbuch als seine zweite Heimat.

Da blieb es nicht aus, dass er sich auch für die Geschichte des Schönbuchs interessierte. Er wusste, wo die Gedenksteine und Sühnekreuze stehen, kannte die alten Grenzmarkierungen und die historischen Klostergrenzsteine. »Die sind alle unterschiedlich, jeder hat eine andere Größe, eine andere Form«, zeigt er sich von der mittelalterlichen Steinzeitkunst beeindruckt. »Anhand dieser Grenzsteine kann man noch heute die Linie des Klosterwaldes verfolgen«, betont der passionierte Schönbuch-Mann. Doch ebenso fühlt er sich angezogen von den Königstei-

nen. Zu jedem von ihnen kann er eine kleine Geschichte erzählen, weiß, zu welchem Anlass sie einst gesetzt wurden. »Der größte Stein steht drüben beim Olgahain«, sagt Albert Renz und fügt hinzu: »Er wurde zum 25. Thronjubiläum von König Wilhelm II. im Jahr 1916 gesetzt.«

Den gesamten Rotwildbestand schätzt er heute auf etwa 150 Stück. Dabei macht er keinen Hehl aus seiner Meinung, dass ihm 50 bis 100 Stück mehr lieber wären. Doch andererseits will er auch, dass der Wald eine Chance hat. Und schon schwärmt er von den Hute-Eichen in der Kauperklinge oder auf dem Einsiedel, im Eisenbach oder am Kohltor, im Sauerschlatt oder am Sommerhaldenbüchle. Sie alle aufzuzählen will er sich aber ersparen: Albert Renz kennt rund 300 alte Eichen im Schönbuch. Und über die alten Buchen hat er noch gar kein Wort verloren.

Abendstimmung in der Stoffels Kohlklinge

DIE KÖNIGSJAGDHÜTTE:

LIEBESNEST UND KÖNIGSSITZ

Zweimal hatte ich das Glück, die Königsjagdhütte von innen zu sehen. Zweimal war ich von der gastlichen Stube und der angenehmen Atmosphäre darin beeindruckt. Die stattliche Hütte bot nicht nur Schutz vor Kälte, Wind und Regen. Eine wohlige Wärme durchströmte stets das beheizbare Waldhaus. Bauernstuben-Atmosphäre.

Die Wände der holzgetäfelten Hütte sind von etlichen Jagdscheiben und Hirschgeweihen geschmückt. Eingerahmte Bilder erzählen Geschichten von einstigem Jagdglück und längst vergangener Zeit. Viele bärtige Gesellen sind darunter: Kaiser, König, Hautevolee. Dazu Jäger und Förster. Doch eine fehlt: Königin Charlotte, die Frau des vierten und letzten württembergischen Königs Wilhelm II.

Dabei wäre ohne sie die Jagdhütte im Schönbuch möglicherweise nie gebaut worden. Denn im Gegensatz zu »Prinz Willi«, wie Wilhelm vor seiner Regentschaft im Familienkreis genannt wurde, war die in Böhmen aufgewachsene Prinzessin Charlotte zu Schaumburg-Lippe von Jagdleidenschaft geradezu besessen.

Nachdem die erste Frau von Prinz Wilhelm, Prinzessin Marie von Waldeck-Pyrmont, im Jahr 1882 gestorben war, wollte der spätere König seiner jungen Frau wohl etwas Besonderes bieten. So pachtete er die Staatswaldungen der Reviere Bebenhausen, Entringen, Herrenberg und Weil – bezeichnenderweise vom 1. April 1886 an, also genau eine Woche vor der Heirat mit Prinzessin Charlotte am 8. April 1886. Ein symbolisches Hochzeitsgeschenk – Adel verpflichtet.

Zwei Jahre danach, im Jahr 1888, ließ der Kronprinz eine Jagdhütte auf dem Plateau des Steingart bauen, die er damals – mangels königlichem Attribut – »Jagdhütte Schönbuch« nannte.

Vom »Geschlossenen Brunnen« führt der Postbotenweg steil hinauf zum Dickenberg, von dort weiter auf den Steingart zur Königsjagdhütte.

Gastliche Atmosphäre: Die 1888 erbaute Königsjagdhütte ist eine Hütte wie aus dem Bilderbuch.

Diese Jagdhütte ist eine Hütte wie aus dem Bilderbuch. Schon die Lage inmitten des Rotwildgebietes sowie der Blick auf die Wurmlinger Kapelle und die blaue Wand der Schwäbischen Alb, sind einmalig. Die Hütte mag für den späteren König zwar bescheiden gewesen sein. Doch immerhin war sie beheizbar und damit zum Aufenthalt zu jeder Jahreszeit geeignet. Wasser lieferte der nahe gelegene und später so genannte »Königsbrunnen«. Die Hütte wird wohl nicht nur Ziel und Ausgangspunkt von Jagden gewesen sein. Sie war auch eine Stätte des Rückzugs für den Prinzen und späteren König samt dessen Frau, in jungen Jahren wohl auch das Liebesnest des jungen Paares. Jedenfalls avancierte sie immer mehr zum Lieblingsort von Prinz Wilhelm, der nun bald, angeregt durch die Jagdleidenschaft seiner Frau und fachkundig unterstützt von Oberjägermeister Freiherr von Plato, Abwechslung und Abenteuer bei der Jagd fand. In Konrad Münst, der 42 Jahre lang das Forstamt Entringen leitete, fand Wilhelm einen Freund und stetigen Begleiter. Münst hatte im Schönbuch schon unter »Seiner Majestät des Königs Karl« reichhaltige Erfahrung gesammelt, setzte unzählige Wilderer fest und wird wohl auch für den persönlichen Schutz seines Dienstbefohlenen zuständig gewesen

sein. Vier Eichen erinnern an diese Zeit: die Charlotteneiche, die Konrad-Münst-Eiche, die Plato-Eiche und selbstredend die Gedächtnis-Eiche für König Wilhelm II.

Nach dem Tod von König Karl trat Prinz Wilhelm am 6. Oktober 1891 als König Wilhelm II. die Regierung des Landes Württemberg an. Die »Jagdhütte Schönbuch« avancierte damit zur »Königlichen Jagdhütte«. Von hier aus starteten unzählige Jagden. Mit dabei: Adel und Hochadel, auch Kaiser Wilhelm II. ließ es sich nicht nehmen, hier dem Jagdvergnügen zu frönen. Zumindest zeitweilig wurde das Königreich Württemberg von dieser Hütte aus regiert. Der König war jedenfalls sehr häufig dort oben, ließ sich seine Post sogar auf die Hütte bringen. Daran erinnert noch heute der »Postbotenweg«, die kürzeste Verbindung von der Poststation Bebenhausen zur Königsjagdhütte.

Luftig wie ein leichter Kahn
auf des Hügels grüner Welle
schwebt sie lächelnd himmelan
dort die friedliche Kapelle

Nikolaus Lenau

An der Königsjagdhütte erinnert ein Gedicht von Nikolaus Lenau an die Wurmlinger Kapelle, die Luftlinie 10 Kilometer entfernt liegt.

DIE SULZEICHE:
EIN WUNDER DER NATUR

Die Germanen weihten die Eichen dem Donner- und Gewittergott Donar. Das könnte damit zusammenhängen, dass Eichen bei Gewittern Blitze anziehen. Sie wurzeln tief und werden deshalb öfter als andere Bäume vom Blitz getroffen. »Eichen sollst du weichen«, heißt es deshalb im Volksmund. Ihr Name leitet sich vom germanischen Sprachgebrauch ab. Die Germanen nannten den Baum »eih«, das sich im altnorddeutschen Sprachgebrauch zu »eik«, und im Mittelhochdeutschen schließlich zu »eich« und »eiche« wandelte. Seit jeher umgibt Eichen etwas Mystisches. Das gilt auch für die mächtige Sulzeiche bei Walddorfhäslach.

Sehen, staunen, schützen – selten passen ein paar Verben in einem Satz besser zusammen als unter diesem Baum, dessen weit ausladende Äste einen überwältigenden Eindruck vermitteln. Der Baum ist ein Wunder der Natur.

Wer diesen am Waldrand stehenden Baum von den Walddorfhäslacher Wiesen aus betrachtet, sieht ihn unauffällig eingebettet in das harmonische Ensemble des Waldes. Doch wer in den Bannstrahl dieses Baumes tritt, wird sogleich erfasst und überwältigt von seiner Schönheit. Unwillkürlich blickt man hinauf zu der mächtigen Baumkrone und vergisst sogleich den Alltag mit seinen kleinen Banalitäten und manchen Unzulänglichkeiten. Streit passt nicht hierher und deshalb ist der Baum ein wahrer Friedensbaum. Wer unter dieser Stieleiche steht, wird gefangen genommen von der wuchtigen, einmaligen Architektur der Natur. Dabei symbolisiert die Sulzeiche zugleich Kraft, Lebensenergie und Durchhaltewillen.

Wie viele Liebespaare mögen sich in ihrem Schatten ewige Treue geschworen haben? Wahrscheinlich waren es Hunderte junger Männer und Frauen, die sich vor oder nach der Hochzeit diesen Platz ausgesucht haben, um diesen Baum zum Zeugen für ein Versprechen zu nehmen. Im Schönbuch gibt es nur wenige Naturdenkmale, die so viel unmittelbare Ausstrahlung haben. Die Sulzeiche bringt es auf ein Alter von rund 400 Jahren und eine Astspannweite von etwa 20 Metern.

Zu allen Jahreszeiten schön:
Die Sulzeiche bei Walddorfhäslach

DIE LADSTOCKBUCHE:

GANZ VERBORGEN IM WALD

Im oberen Kirnbachtal steht die Ladstockbuche. Verborgen im Wald. Nicht jeder kennt den Platz unweit des Vogtsteins. Doch wer den Solitär gefunden hat, darf sich mit Eduard Mörike an dem Inbild einer schönen Buche erfreuen.

Eduard Mörike:

DIE SCHÖNE BUCHE

Ganz verborgen im Wald
Kenn ich ein Plätzchen,
Da stehet eine Buche,
Man sieht schöner im Bilde sie nicht.
Rein und glatt in gediegenem Wuchs
Erhebt sie sich einzeln,
Keiner der Nachbarn
Rührt ihr an den seidenen Schmuck.

DIE OBERE LINDE IM WÜRMTAL:

WEICHES HOLZ –
WEICHE URTEILE

Einsam und allein steht die Obere Linde im Würmtal auf freier Flur. Dass sie es so ungeschützt auf ein Alter von rund 400 Jahren gebracht hat, gleicht einem Wunder. Die von Weitem sichtbare Winterlinde ist ein dominanter Baum, der im Maurener Tal alle Blicke auf sich zieht. Rund 20 Meter ist der Baum hoch, sein Umfang misst stattliche 6,75 Meter. Bezeichnend ist die Relation zwischen Hauptstamm und den zahlreichen Ästen. Der knorrige Stamm macht nur ein

Zehntel der Gesamtlänge des Baumes aus, und gibt der Linde einen erdhaften, bodenständigen Charakter.

Manches deutet daraufhin, dass der Baum in jungen Jahren stark geschnitten wurde, was Anlass zu neuer, gleichberechtigter Triebbildung gegeben haben mag. Die einsam stehenden Bäume boten einst den Weidehirten Schutz vor Regen, Wind und starker Sonne. Man kann sich gut vorstellen, dass im Schatten der Linde so mancher Bauernbursche sein Messer gezückt hat, um sich die Zeit zu vertreiben. Auch in dem von Wilhelm Müller getexteten und von Franz Schubart vertonten Lied »Am Brunnen vor dem Tore, da steht ein Lindenbaum« schnitt der Akteur in den Baum. Das hat einen einfachen Grund. Für Schnitzer, Drechsler und Bildhauer eignet sich das Holz besonders gut, weil es ein sehr weiches Holz ist.

»Weiche Urteile« wurden einst auch unter den Gerichtslinden gesprochen. Viele Linden galten als Symbol für Gerechtigkeit und Glück und wer unter einer solchen Gerichts- oder Gerechtigkeitslinde ein Urteil zu erwarten hatte, der wusste schon vorab, dass er in aller Regel eher mit einem mahnenden als mit einem strafenden Urteil davonkommen würde. Lindenblüten wiederum zählen zu den bekanntesten Hausmitteln. Und auch die herzförmigen Blätter boten viele Möglichkeiten zur Assoziation.

Kein Wunder also, dass Lindenbäume samt ihren Früchten und Blättern auch Triebfeder für Literaten waren. So beschrieb Walther von der Vogelweide die Liebe unter der Linde und Heinrich Heine nahm Baum, Blüte und Blatt einer Linde in den Fokus seiner Dichtkunst:

Mondscheintrunkne Lindenblüten,
Sie ergießen ihre Düfte,
Und von Nachtigallenliedern
Sind erfüllet Laub und Lüfte.
Lieblich läßt es sich, Geliebter,
Unter dieser Linde sitzen,
Wenn die goldnen Mondeslichter
Durch des Baumes Blätter blitzen.
Sieh dies Lindenblatt! Du wirst es
Wie ein Herz gefaltet finden;
Darum sitzen die Verliebten
Auch am liebsten unter Linden.

Die Obere Linde im Würmtal

WER IST AM SCHÖNSTEN, WER AM STÄRKSTEN?

In der Vogelwelt kennen die Superlative keine Grenzen. Wer fliegt am schnellsten, wer pfeift am lautesten? Und insbesondere: Wer verspricht die erfolgreichste Fortpflanzung zur Erhaltung der Art? Um annähernd eine Antwort auf diese letztlich entscheidende Frage zu geben, mutieren Vögel zu Meistersängern und Flugakrobaten. Wenn es sein muss, fliegen sie Tausende von Kilometern in die wärmeren Winterquartiere des Südens. Doch sobald dort wieder Hitze und Trockenheit einziehen, kommen sie wieder zurück. Da passt es, dass in unseren Breiten fast zeitgleich das Nahrungsangebot und die Brutmöglichkeiten besser werden. Wie von Geisterhand gesteuert, sind im Frühjahr alle Vögel wieder da: Mönchsgrasmücke und Gartenrotschwanz, Singdrossel und Rotkehlchen, Neuntöter und Wendehals, Fitis und Halsbandschnäpper und viele, viele mehr. Während des Sommerhalbjahres finden sie hier optimale Lebensbedingungen. Der Lebensraum ist groß genug, Nahrung ist reichlich vorhanden – ideale Voraussetzungen also für die Aufzucht der Jungen.

Verena Kienzler, Vorsitzende des Natur- und Vogelschutzvereins Wurmlingen, kennt die gefiederten Freunde aus dem Effeff. Noch im Morgengrauen macht sie sich mit mir und Naturschützer Roland Kopp auf den Weg durch die Streuobstwiesen und Weinberge entlang des Pfaffenbergs bei Entringen. »Dort, ein Rotkehlchen, auf 1 Uhr«, sagt die Vogelkundlerin und entlang des Stundenzeigers meiner Uhr folgen meine Augen in nordöstlicher Richtung. Auf dem Ast eines alten Birnbaums sehe nun auch ich den Sänger, der vergnügt und erwartungsvoll den ersten Sonnenstrahlen des neuen Tages entgegenblickt. »Da kommt es angeflogen, das Geodreieck«, sagt Verena Kienzler und meint damit einen Star, dessen Flug tatsäch-

Vogelkundlerin Verena Kienzler kennt die gefiederten Freunde aus dem Effeff.

lich einem gleichschenkligen Dreieck gleicht. Hier eine Mönchsgrasmücke, dort eine Goldammer. Verena Kienzler hat alles im Blick. Doch meist hört sie zuerst, was sie später sieht.

Ganz ruhig nimmt sie dann ihr Fernglas zur Hand, um den Vogel ins Visier zu nehmen. Dann imitiert sie einen Grünspecht: »klü-klü-klü-klück-klück« und macht sogleich den Unterschied zu einem Grauspecht nachvollziehbar: »klü-klü-klü- und dann abfallend – klüüüück-klüüüüück«. Aus der Ferne ist jetzt ein Buntspecht hörbar. »Der ist Ende April verpaart, seine Bruthöhle hat er dann besetzt«, klärt die Vogelkundlerin auf und ergänzt: »Eine Höhle wird von ihm nur eine Saison

Der Grünspecht ist an seinem grünen Gefieder und an seiner roten Kopfzeichnung zu erkennen.

Buntspecht auf Nahrungssuche

besetzt, dann gibt er sie auf.« Von seiner Vorarbeit profitieren in der nächsten Brutsaison dann andere, ein Star etwa, oder eine Meise, ein Halsbandschnäpper oder andere Spechtarten, wie der Grünspecht, Mittelspecht oder Kleinspecht. »Die Vogelhöhlen werden so lange behaust, bis sie keinen Wert mehr haben, bis zum Beispiel ein Vogel darin tot liegen geblieben ist.« Mich interessiert, ob ein Schwarzspecht auch in der Streuobstwiese zu finden ist. »Nein, nein«, sagt meine Begleiterin, »der lebt im Buchenwald und baut seine Höhle ausschließlich in gesunde Bäume.«

Der Weg entlang des Pfaffenbergs führt leicht bergauf, die Luft ist angenehm frisch. Im Ammertal liegt noch der Morgendunst, hier oben scheint schon die Sonne. Auch den Vögeln scheint das zu gefallen. Ihr Konzert wird immer lauter: »gjegjegjegjegjegje«, kommt es von schräg unten und Verena Kienzler stockt. Wie versteinert bleibt sie stehen und horcht. Jetzt etwas deutlicher vernehmbar ist der Ruf erneut zu hören: »gjegjegjegjegjegje«. Die Vogelkundlerin ist begeistert: »Das ist der Wendehals.« Als ob sie ein Vogelbuch auswendig gelernt hätte, gibt sie dann Wissenswertes zu dieser Vogelart preis: »Der Wendehals ist eine Spechtart«, sagt sie und fügt hinzu: »Der einzige Specht, der ein Zugvogel ist.« Wie viele andere, hat auch er in Afrika sein Winterquartier bezogen und ist im April wieder zurückgekommen. »Ein Zeitpunkt, der strategisch schlecht ist«, sagt sie. Offenbar erkennt sie an meinem ungläubigen Staunen die in der Luft liegende Frage und klärt auf: »Zu diesem Zeitpunkt haben die anderen Spechte ihre Bruthöhlen natürlich alle schon bezogen und ihr Revier abgesteckt; jetzt kommt er und will auch noch … Und weil er bis dahin noch nicht verpaart ist, ruft er, was das Zeug hält. Doch davon allein hat er noch keine Höhle.« Der Wendehals weiß sich auf eine nicht gerade sozialverträgliche Art zu helfen: »Es kann vorkommen, dass er eine besetzte Bruthöhle einfach ausräumt und dabei die Eier und Vögel frisst.«

Diese Heimtücke hat er mit einem anderen Vogel gemein, der sich jetzt aus der Deckung wagt: der Kuckuck – ein Lebemann, wie er im Buche steht. »Er kommt als Letzter aus Afrika zurück«, sagt Verena Kienzler und hat dafür sogleich

Goldammer in der Frühlingssonne

Ein Gartenrotschwanz hält Ausschau.

Für den Eisvogel wurde im Goldersbachtal ein »Vogelhaus« gebaut.

die Erklärung parat: »Der Kuckuck kann sich deshalb so lange Zeit lassen, weil der ja kein Nest bauen muss, denn er legt seine Eier in die Nester anderer Vögel, die dann von ihnen ausgebrütet werden.« Hier endet mein Schulbuchwissen. Doch das eigentlich Interessante dieses Schmarotzervogels fängt hier erst an, wie die Hobby-Ornithologin erläutert. Denn nach dem Gesetz der Prägung legt ein Kuckuck sein Ei stets in das Nest einer Vogelart, in dem er selbst bebrütet wurde und schließlich geschlüpft ist. Hat er zum Beispiel im Nest eines Teichrohrsängers das Licht der Welt erblickt, versucht er seine Eier auch im Nest eines Teichrohrsängers unterzubringen. Ist er dagegen im Nest einer Heckenbraunelle geschlüpft, setzt er alles daran, um bei dieser Vogelart die Eier unterzubringen.

Der Grund dafür ist so einfach wie einleuchtend, wie Verena Kienzler erläutert: »Die Eier sind nämlich entsprechend gefärbt und in dieser Tarnfarbe ist es für die Bruteltern kaum auszumachen, wenn sich ein fremder Gast in die eigene Brut eingeschlichen hat.« Den Vorteil hat der Kuckuck.

Ob sich seine Strategie jedoch auf lange Sicht auszahlt, ist eine ganz andere Frage. Denn Wissenschaftler bezweifeln den langfristigen Erfolg eines Schmarotzers. Mit dem Klimawandel setzt nämlich die Brut mehrerer Vogelarten immer früher ein. Wenn dabei die Brut früher schlüpft oder zumindest sehr weit fortgeschritten ist, bemerkt ein Wirtsvogel das »Kuckucksei« eher. Allen Tarnfarben zum Trotz wächst damit die Wahrscheinlichkeit, dass das falsche Ei erkannt und dann seinerseits aus dem Nest geworfen wird.

Mag der Kuckuck sein Leben auf den höchsten Wipfeln der Bäume genießen, so läuft er doch Gefahr, dass seine Nachkommen bei einem sich beschleunigenden Klimawandel selbst dann nicht durchkommen, wenn er sie in mehrere Nester gelegt hat. Das Grundziel der Art-Erhaltung wäre dann aber verfehlt.

Um dieses Ziel zu erreichen, hat sich der Kleiber etwas Besonderes einfallen lassen. Er klebt nämlich seine Höhle mit Lehm so weit zu, dass nur noch seine Art hineinpasst. So schützt er sich vor dem Zugriff anderer Tiere. »Das ist jetzt wieder der Grünspecht – und da drüben: das war eine Drossel«, sagt die Naturschützerin, die ganz nebenbei erläutert, dass der im Goldersbachtal vorkommende Eisvogel in einem harten Winter schwer zu leiden hat. »Weil die Bäche lange zugefroren waren, dürften eini-

Eine Blaumeise hält sich an einem Zweig fest.

ge Eisvögel verhungert sein«, bedauert Verena Kienzler. Doch die Natur weiß sich zu helfen. Starke Ausfälle gleichen die Artgenossen dadurch aus, dass sie anstelle von normalerweise einmal pro Jahr zweimal im Jahr brüten. Andere Vogelarten bedienen sich zur Arterhaltung wieder anderer Strategien. Zaunkönige haben zum Beispiel überlappende Paarbeziehungen. In der Vogelwelt siegen manchmal nicht nur Schönheit und Stärke – auch praktische Intelligenz kann eine positive Eigenschaft sein.

DIE KONKURRENZ DER ALPHATIERE

Seit über zwei Stunden sitze ich auf einer kleinen Steinplatte im Kleinen Goldersbachtal. Die Mütze habe ich mir im Laufe des Abends tief ins Gesicht gezogen, die Jacke immer weiter zugeknöpft. Es ist kalt geworden, etwas feucht und dunkel. Der Vollmond hat sich für einen Moment hinter einer dicken Wolkendecke versteckt. Mit meinem Nachtsichtgerät mache ich mir dennoch Hoffnung, einen kapitalen Hirsch vor die Linse zu bekommen. Von den

Rothirschen ist zwar nichts zu sehen, sie sind aber weithin zu hören: Es ist die hohe Zeit der Brunft, die Hirsche paaren sich – einem Impuls der Natur folgend. Während dieser Fortpflanzungszeit buhlen die Hirsche um das Kahlwild. Immer wieder kommt es zu heftigen Kämpfen mit Rivalen. Die Alphatiere streben nach Vorherrschaft.

Wie jedes Jahr im Herbst beginnt auch jetzt wieder ein Naturschauspiel der besonderen Art. Die Urgewalt der Natur hat eine Stimme bekommen. Ein Hirsch röhrt durch das Dickicht und es vergeht nicht viel Zeit, da kommt die Antwort wie ein Echo zurück. Etwas weiter entfernt stimmen zwei weitere Hirsche in das Konzert ein. Dann noch einer. Dieser kapitale Hirsch kann nicht weit von mir entfernt stehen. Für einen winzigen Augenblick sehe ich im Geist das majestätische Tier vor mir, das Geweih weit nach hinten gelegt, der schnaubende, weiß-graue Atem verliert sich vor der dunklen Wand des Fichtenwaldes. Vielleicht ein Zwölfender? Gar ein Vierzehnender? Weder noch! Leider ist mein Realitätssinn so stark, dass das Fantasiegebilde auch in stockfinsterer Nacht nicht die Oberhand bekommt. Die Wirklichkeit sieht düster aus. Der röhrende Hirsch ist weit und breit nicht zu sehen. Wie eine schwarze Wand liegt der Wald vor mir.

Mit den nun lauter werdenden Naturschreien wird die gefühlte Distanz

Brunftzeit: Bei Vollmond ist die Chance im Schönbuch gut, ein Naturschauspiel der besonderen Art zu erleben.

zwischen mir und mehreren Hirschen immer geringer. Vielleicht sind es nur 30, 40 Meter. Jetzt bloß stillhalten und keine falsche Bewegung machen. Das Atmen geht langsam und schwer. Höchste Anspannung. Der Puls steigt. Hoffentlich steht der Wind noch gut, sodass die Tiere keine Witterung aufnehmen können. Vorsichtig lege ich erneut mein Fernglas an. Wieder ist nichts zu sehen, noch nicht.

Wie durch ein geheimes Zeichen gibt plötzlich kein einziger Hirsch in der Umgebung einen Laut von sich.

Rothirsch auf Freiersfüßen

Abwarten, nicht aufgeben! Ein Naturfreund hat Zeit, viel Zeit! Nach dem Verstummen der röhrenden Hirsche nehme ich jetzt zahlreiche andere Geräusche wahr. Die stockfinstere Nacht eignet sich eher für die Ohren als für die Augen. Aufkommender Wind fegt die Blätter von den Bäumen. Mit einem leisen Knacken fallen hie und da ein paar Eicheln oder Bucheckern zu Boden. Von der Ferne ruft ein Käuzchen. Doch war da nicht noch etwas? Fast gleichmäßig reihen sich nun die Töne hintereinander. Nicht weit entfernt muss Leben sein. Und da wird es auch schon zur Gewissheit: Ein Radfahrer hat sich wohl auf den Heimweg gemacht, fährt mit gleichmäßigem Tritt das Kleine Goldersbachtal hinauf. Glücklicherweise fährt er ohne Licht. Ob er die Hirsche vertrieben hat? Ich denke an die Besucherkanzel auf dem Dickenberg. Zur Brunftzeit sitzen dort oft über 50 Interessierte auf der Lauer. Ein Kommen und Gehen. Ich meide solche Plätze.

Doch auch hier auf der anderen Talseite heißt es jetzt Nachsicht aufbringen. Und: Warten, immer wieder warten. In dem dunklen Kosmos schwindet das Gefühl für Zeit. Seitdem der Radfahrer ein unwillkommenes Geräusch abgegeben hat, mögen 20, 30 Minuten vergangen sein. Die Geduld wird belohnt. Plötzlich ist das urwüchsige Konzert des Rotwildes wieder zu hören. Leise zuerst, dann kommt ein Tierbass näher, immer näher. Es knackt im Gebüsch. Angespanntes Warten. Noch ist nichts zu sehen von der größten heimischen Wildart. Nicht einmal ein Hase hoppelt über die Waldwiese im Kleinen Goldersbachtal. Dafür gibt es jetzt ein bekanntes Geräusch: Erneut ist ein Radfahrer unterwegs – diesmal mit Licht. Alsbald verstummen die Tierlaute. Ich mache mich nun auf den Heimweg. Die für den Notfall mitgebrachte Taschenlampe lasse ich im Rucksack. Bei der Königseiche fasse ich den Entschluss, am anderen Tag in einem Schaugehege des Schönbuchs dem Naturschauspiel brunftender Hirsche nachzuspüren – tagsüber, wenn niemand einen Lichtkegel in den dunklen Wald hineinwirft.

Kapitaler Hirsch und Muttertiere am Troppenden Wasen

SCHAUGEHEGE IM SCHÖNBUCH:

AUGE IN AUGE
MIT WILDEN TIEREN

Im Schönbuch gibt es fünf Schaugehege, die es den Besuchern ermöglichen, Rotwild, Schwarzwild, Damwild und Mufflons Auge in Auge gegenüberzutreten, sie direkt zu beobachten.

Das größte unter ihnen ist das Wildgehege Entringen. Genau genommen umfasst es drei unterschiedliche Gehege für Rotwild, Schwarzwild und Mufflons. Dieses Schaugehege ist vom Parkplatz Entringen aus in wenigen Minuten zu erreichen. Schon auf dem Weg dorthin kann der Waldfreund ins Schwärmen geraten. Riesige Eichen wachsen links und rechts des Wegs. Und bevor man rechter Hand einen sehr schön angelegten Kinder- und Abenteuerspielplatz erreicht, gibt es schon die Qual der Wahl: links das Gehege für Rotwild, rechts das Gehege für Schwarzwild. Nur einen Steinwurf entfernt kann man in einer weiteren Umzäunung Mufflons weiden sehen. Idyllisch ist auch der nahe gelegene Erlenweiher.

Zum Schwarzwildgehege bei Bebenhausen kann man beim Naturpark-Informationszentrum in Bebenhausen starten. Auf geteerter Straße geht es am Mörikehaus vorbei, dort hält man sich links, wandert zwischen Streuobstwiesen hindurch und erreicht nach einem etwas ansteigenden Weg bald das Gatter des Naturparks. Mit etwas Glück kann man in dem linker Hand liegenden Schwarzwildgehege schon die ersten Schwarzkittel sehen.

Das Damwildgehege am Böblinger Sträßle ist einfach zu finden. Man startet die Tour am Parkplatz Ranzenpuffer. Das ist der erste Parkplatz nach der Kälber-

Forstwirtschaftsmeister Thomas Bumiller beobachtet einen Schwarzkittel im Gehege bei Bebenhausen.

Damwild im Bast

stelle in Richtung Tübingen. Von diesem Parkplatz aus geht man den »Heusteig-le« genannten Weg in einer leichten Linkskurve Richtung Westen und erreicht bereits nach etwa 500 Metern das Böblinger Sträßle. Rechter Hand sieht man die stattliche Schlagbaumlinde, ein Naturdenkmal. Von dort aus erkennt man auf der gegenüberliegenden Seite bereits die ebene Fläche des Damwildge-heges. Wer die riesigen Fichten nahe des Parkplatzes Ranzenpuffer beim Start übersehen hat, kann auf dem Rückweg diese Säulen des Waldes bewundern.

Das Rotwildgehege Josefsruhe liegt ebenfalls am Böblinger Sträßle, das

*Nachwuchs im Schwarzwildgehege
Entringen*

Schwarzwild auf Nahrungssuche.

im Kreis Böblingen in das »Tübinger Sträßle« übergeht. Man erreicht es vom Damwildgehege aus in nördlicher Richtung oder von der Weiler Hütte, beziehungsweise dem Parkplatz Weißer Stein in südlicher Richtung. Auf dem Böblinger Sträßle kann man sich nicht verlaufen. Es ist der längste gerade Weg durch den Schönbuch. In nördlicher Richtung kommt man nach Weil im Schönbuch, in südlicher Richtung nach Bebenhausen. Als Orientierungshilfe kann dieser Weg in der Not eine gute Hilfe sein. Ein Kenner des Schönbuchs muss nicht jeden einzelnen Weg kennen. Er benötigt aber in den verschiedenen Regionen fixe Anhalts- und Orientierungspunkte, damit er nicht nur in den Wald hinein-, sondern jederzeit auch wieder aus ihm herausfindet. Die Naturparkverwaltung hat in jüngster Zeit zahlreiche Wege benannt. Der teilweise stark zerklüftete Schönbuch macht die Orientierung trotzdem nicht immer ganz einfach.

Das Damwildgehege beim Herrenberger Waldfriedhof erreicht man vom Parkplatz Waldfriedhof in wenigen Minuten. Der Weg lohnt sich zu allen Jahreszeiten. Die Besucher erwartet ein großer Damwild-Bestand. Wer etwas mehr Zeit mitbringt, kann von dort aus zu dem Naturdenkmal »24 Buchen« Richtung Hildrizhausen weitergehen.

Graziös: Jungtier im Wildgehege Entringen

JAGD IM WANDEL DER ZEIT:

»PRUNK UND PRACHT« ODER
»HEGE UND PFLEGE«

Die württembergischen Grafen, Herzöge und Könige konnten für ihre Prunkjagden nicht genug Rotwild und Wildschweine in ihren Wäldern haben. Über mehrere Jahrhunderte hinweg gab es im Schönbuch Jahr für Jahr über tausend Stück Rotwild und mehrere hundert Wildschweine. So wurden im Jahr 1714 nach einer amtlichen Erfassung 2 511 Hirsche samt Kahlwild und 460 Sauen gezählt. Beim »Dianenfest«, zu dem König Friedrich anlässlich seines 58. Geburtstages im November 1812 eine riesige Jagdgesellschaft in den Schönbuch geladen hatte, wurden an einem einzigen Tag etwa 800 Stück Wild erlegt.

Die Jagd zur Zeit des Absolutismus, dem in Württemberg erst durch die Verfassung von 1819 ein Ende gesetzt wurde, war königlicher Ausdruck von Prunk und Pracht. Nicht umsonst hat der königliche Hofstaat zu den Jagden zahlreiche Gäste geladen. Denn erst durch diese Herrschaften konnte der König seinen Pomp unter Beweis stellen. Wie pervers diese Jagden aus heutiger Sicht waren, zeigt der Umstand, dass die große Zahl von gehegtem Wild im Schönbuch nicht genügte. So wurden sogar noch Hirsche und Wildschweine aus anderen Gemeinden in den Schönbuch gekarrt, dort freigelassen und vor die Büchsen der Jagdgäste getrieben, um diese noch mehr zu beeindrucken. Während das gemeine Volk oft genug Hunger litt, wurde im Schlepptau des Königs geprasst. Das änderte sich erst nach den Revolutionswirren 1848. Genau 100 Jahre später, in den 1950er-Jahren, forderten Landwirte und an den Schönbuch angrenzende Gemeinden sogar die komplette Ausrottung des Rotwildes im Schönbuch. Mit der Demokratisierung der Gesellschaft und veränderten Eigentumsverhältnissen hat sich damit in wenigen Jahrzehnten ein totaler Bewusstseinswandel vollzogen.

Ein Rothirsch hat Witterung aufgenommen.

Zur Hege des Wildes gehört die Pflege des Waldes.

Um die Schäden einzugrenzen, wurde um den engeren Bereich des Schönbuchs ein Zaun gezogen. Auf rund 40 Quadratkilometern wird dort Rot- und Schwarzwild gehalten, das durch Bejagung zahlenmäßig begrenzt werden soll. Die Sturmholzflächen im Schönbuch bieten jedoch für das Wild zahlreiche Deckungsmöglichkeiten. Dies führt dazu, dass sich insbesondere das Schwarzwild rasend schnell vermehrt. Möglicherweise ist auch das wärmere Klima ein Grund dafür, dass mit den insgesamt milderen Temperaturen und den längeren Vegetationsperioden immer weniger schwache Tiere vorzeitig sterben, die Bachen andererseits aber mehr Nachwuchs in die Welt setzen.

Hinzukommt, dass der Klimawandel mit seinen trockenen Sommern immer mehr Eichen und Buchen in Stress versetzt, sodass diese Bäume mehr Eicheln und Bucheckern produzieren: ein gefundenes Fressen für Wildschweine. Auch die Mais- und Weizenfelder bieten den Allesfressern weitere Nahrungsquellen, die sich auf ihre Population günstig auswirken. Um die Schäden in Wald und Flur zu begrenzen, ist aus Sicht der Land- und Forstwirtschaft die Reduzierung des Wildes unbedingt notwendig.

Heute ist die Jagd kein Selbstzweck mehr. Schon gar nicht hat sie etwas mit dem freien »Jagen nach Herzenslust« zu tun. Vielmehr stellt sich die Jagd in den Dienst eines übergeordneten Wald- und Wildbewirtschaftungskonzeptes. Zur Hege des Wildes gehört die Pflege des Waldes.

So gibt es bis auf wenige Ausnahmen im Schönbuch keine Einzeljagd mehr, sondern nur noch die Treibjagd in einem eng begrenzten Zeitraum. Damit soll die Störung des Wildes auf wenige Stunden eingegrenzt werden. Dies wird auch durch die Einrichtung von Ruhezonen für das Wild erreicht, das sich dorthin zurückziehen und entwickeln kann. Im Schönbuch gibt es fünf Ruhezonen mit jeweils etwa 100 Hektar Fläche. Sie wurden so eingerichtet, dass das Wild genügend Deckungsmöglichkeiten und Äsungsflächen hat. Zu den Ruhezonen gehören auch Wildfütterungsplätze. Die Besucher werden durch Hinweisschilder aufgefordert, diese Ruhezonen nicht zu betreten. Dafür werden den Waldbesuchern an mehreren Stellen besondere Wildbeobachtungsposten geboten; es wurde sogar eine Besucherkanzel auf dem Dickenberg gebaut. Wie eng die Hege des Wildes und die Pflege des Waldes zusammenhängen, zeigen die Verbiss- und Schälschäden im Forst. Durch die veränderte Bejagung und durch die größere Berücksichtigung der Lebensbedingungen des Rotwildes konnten die Schäden an den Bäumen drastisch reduziert werden.

Im Schönbuch wurden fünf Ruhezonen für das Wild eingerichtet.

Verbiss- und Schälschäden sollen durch ein neues Konzept eingeschränkt werden.

TREIBJAGD IM SCHÖNBUCH:

DIE KUGEL BLIEB IM LAUF

Ein November-Wetter wie aus dem Bilderbuch. Unten, im Ammertal, liegen dichte Nebelfelder, oben auf der Schönbuchhöhe ist in der Nacht der erste Schnee gefallen. Ein nasskalter Tag, mal Regen, mal Schnee. Viel Grau. Nebelfetzen, wohin man blickt. In den frühen Morgenstunden haben sich am »Saurucken« oberhalb von Entringen rund 60 Treiber, Schützen und Hundeführer zu einer Treibjagd versammelt. Die Grünröcke und die Warnkleidung der Treiber bringen etwas Farbe in den Morgendunst.

Doch bei aller Tristesse: Es liegt etwas Besonderes in der Luft. Seit jeher ist die Jagd auf Rothirsch und Wildschwein mit einem hohen Prestige verbunden.

Noch heute werden zu einer Forstamtsjagd auf das größte einheimische Wild im Schönbuch nur besonders geeignete Jäger geladen. Und so empfinden es alle Teilnehmer als eine besondere Ehre, bei dieser Jagd dabei zu sein. Wer auch nur einen kleinen Fehler macht, wird von einer Jagd im Schönbuch für immer ausgeschlossen – das kommt gelegentlich vor.

Der Leiter der Jagd, Götz Graf Bülow, macht entsprechend eindrücklich auf die Gepflogenheiten bei einer Jagd aufmerksam. »Sicherheit ist absolut oberstes Gebot«, betont der Forstbeamte und macht die Jagdgesellschaft darauf aufmerksam, dass sie auch mit Waldbesuchern rechnen muss. »Scannen Sie die Umgebung ab«, mahnt er alle Beteiligten zu einem sorgfältigen Umgang. Dann werden die Jäger eingewiesen. Selbstredend gilt für alle striktes Alkoholverbot, auch wenn die am »Steinigen Weg« gelegene Schnapseiche auf eine andere Tradition der einst als Treiber eingesetzten Bauern verweist.

»Bedenken Sie den Mutterschutz«, mahnt der Forstmann. Damit meint er, dass zuerst auf junges Wild geschossen werden soll, bevor ein Muttertier erlegt wird. Denn der Verlust der Mutter zieht meist den sicheren Tod des Jungtieres nach sich, weil es normalerweise keine Chance hat, für die in einem Sozialverband lebenden Tiere von einem anderen Rudel aufgenommen zu werden. Deshalb gilt nach den Worten des Jagdleiters »Jung vor Alt«.

Treiber im Einsatz am Denzenberg

Auf flüchtendes Wild darf aus einer maximalen Distanz von 50 Metern geschossen werden, auf Rehwild nur dann, wenn es steht. Auf Rotwild darf nur dann ein Schuss abgegeben werden, wenn es »verhofft«, sich also nicht im Begriff einer Fluchtbewegung befindet. Auf stehendes Wild kann man bis zu einer Entfernung von 100 Metern schießen. »Merken Sie sich, wo das Wild geschossen wurde und vermerken Sie die Umstände auf Ihrer Karte«, betont der Jagdleiter. Das weidgerechte Jagen kennt viele Regeln.

Dazu gehört auch, dass nun die Jagdhornbläser ihren »Aufruf zur Jagd« erschallen lassen. Die Jagd kann beginnen. »Ich wünsche einen guten Anlauf«, sagt Götz von Bülow. Alle Schützen bekommen einen genau definierten Standort zugeteilt. Alle Treiber werden aufgefordert, sich »aktiv zu bewegen«, damit das Wild seinen Standort verändert.

Wir gehen zu einer niederen Kanzel im Bereich des Denzenbergs und warten erst mal ab. Der Jäger hat noch nicht einmal seine Büchse scharf gestellt, da huschen auch schon zwei Rehe im großen Bogen aus einer nahen Dickung heraus und flüchten in das Dunkel einer Schonung. Danach heißt es warten. Wir blicken in alle Himmelsrichtungen. Doch zu sehen ist nichts. Nicht einmal ein krächzender Eichelhäher macht sich bei so viel Unruhe im Wald bemerkbar. Derweil nimmt nicht nur die Spannung, sondern auch die gefühlte Kälte zu. Aus

Zu Beginn der Jagd lassen Jagdhornbläser den »Aufruf zur Jagd« erschallen.

56

der Ferne ist das Kläffen verschiedener Jagdhunde zu hören. Auch Theo, der Hund des Jagdleiters, nimmt eine Fährte auf und kommt in zentrischen Kreisen immer wieder zum Ausgangspunkt zurück. In der Ferne ist jetzt ein Schuss zu hören und dann sieht man auch schon einige Treiber über eine kleine Anhöhe kommen: »Hopp-hopp-hopp-hopp-hopp«. Die Rufe der Treiber schallen durch den Wald, das Echo bricht sich in dem zerklüfteten Gebiet des Schönbuchs. Das Wild soll so in Bewegung kommen. Doch für uns zeigt sich weder ein Wildschwein noch ein Hirsch, weder ein Hase noch ein Fuchs.

»Insbesondere das Rotwild mag den Menschen nicht«, sagt der Weidmann und fügt in leiser Kanzelsprache hinzu: »Der König des Waldes ist eigentlich ein Steppen- oder Freilandtier und sucht deshalb die größtmögliche Distanz zum Menschen.« Wahrscheinlich hat sich das Rotwild ausgerechnet an diesem Tag in die reichlich vorhandenen Sturmflächen des Schönbuchs zurückgezogen. Möglich, dass es auch die sicherste Verbindung von einer Dickung zur anderen gesucht hat – das Rotwild ist scheu und schlau.

Doch weil sich Rot- und Schwarzwild ohne ihre natürlichen Feinde, wie etwa den längst ausgerotteten Wolf, stark vermehren, verursachen die Tiere ohne jagdliche Eingriffe enorme Schäden in der Forst- und

Ein speziell ausgebildeter Jagdhund hat die Fährte nach einem angeschossenen Tier aufgenommen.

Landwirtschaft. Die Jäger sind hier, um die Population zu regulieren. Manche Tierschützer sehen das freilich anders – auch an diesem Tag haben sie ihre Spähtrupps in den Schönbuch geschickt, um mahnend den Zeigefinger zu heben und den Jägern ein schlechtes Gewissen einzujagen.

Am Nachmittag geht die Jagd weiter. Wir wechseln in das Gebiet Steingart, einen Steinwurf von der Königsjagdhütte entfernt. Oben, auf dem Hochstand, wird in der kalten Luft der Atem sichtbar. Der Jäger zieht den Hut etwas tiefer ins Gesicht und macht seine Büchse schussbereit. Wir haben uns auf dem neuen Ansitz noch nicht richtig eingerichtet, da macht mich mein Nachbar auf eine

Der »Beutebruch« am Hut des Jägers weist ihn als erfolgreichen Schützen aus.

Bei einer Jagd kommen auch Jagdhunde zum Einsatz.

schnelle Bewegung auf der vor uns liegenden Lichtung aufmerksam. Ein Fuchs schiebt sich ins Bild – doch er ist genauso schnell verschwunden, wie er gekommen ist. Aus der Ferne sind nun wieder die Rufe der Treiber zu hören.

Wie aus dem Nichts erscheint plötzlich ein Schmaltier – so nennen die Jäger die weiblichen Tiere der Hirsche. Pfeilschnell läuft es direkt auf uns zu. Elegant und graziös hebt sich das Waldtier über alle Hindernisse hinweg, energieschonend läuft es hangabwärts. Im freien Gelände kommt es schneller voran als in der nahen Fichtenschonung. Kein Zweifel: Die junge Hirschkuh ist auf der Flucht. Vier-, fünfmal ist das grazile Tier jetzt noch zu sehen, dann taucht es nach einem hohen Bogen in das meterhohe Trockengras ab, das ihm Schutz verspricht. Nach einer kurzen Pause ist das scheue Tier noch einmal zu sehen und dann ist es auch schon im dunklen Forst verschwunden, der ihm offenbar mehr Sicherheit bietet, als das freie und weithin einsehbare Gelände. Die Kugel in der Büchse des erfahrenen Weidmanns blieb diesmal im Lauf.

Anderen Jägern wird an diesem Tag mehr Jagdglück zuteil. Davon zeugen jene Tannenzweige, die den Jägern nach dem Erlegen des Wildes von ihren Jagdkameraden in einem förmlichen Zeremoniell überreicht und von den erfolgreichen Schützen am Hut als Beutebruch getragen werden. Wer ein Tier erlegt hat, dem steht das kleine Jägerrecht zu. Im Klartext: Der Jäger hat zwar keinen Anspruch auf das Tier; ihm gehören aber Herz, Leber und Niere des erlegten Wildes.

Ganz nach Plan ist diese Jagd jedoch nicht verlaufen. So hat ein anderer Jäger zwar eine Hirschkuh getroffen, das Tier hatte aber dennoch so viel Adrenalin im Blut, dass es plötzlich wie vom Erdboden verschwunden schien. Wir se-

Das Ende der Jagd wird mit einem »Halali« verkündet.

hen einzelne Bluttropfen auf dem Boden, danach verliert sich die Spur in der Weite des Waldes. Dann wird ein Schweißhundeführer eingesetzt, dessen speziell ausgebildeter Jagdhund das tote Tier in kurzer Zeit ausfindig macht. Zur Kennzeichnung bekommt das Tier eine Marke ins Ohr gedrückt. Die Jäger führen über alles Buch.

Während der größte Teil des erbeuteten Wildes sofort in die Wildkammer nach Bebenhausen gebracht wird, bringen die Jäger und ihre Helfer am späten Nachmittag einen Teil des erlegten Wildes zur Königsjagdhütte. Die leblosen Körper werden dort auf einem mit Reisig geschmückten Platz zur Strecke gelegt. Sodann spricht der Jagdleiter das Schlusswort für die Schützen und die Treiber. Niemand wurde verletzt, die Ausbeute liegt exakt im Plan und fast jeder Schuss war ein Treffer – es gibt viel Lob für die Schützen und die Treiber. Nun verkünden auch die Jagdhornbläser mit ihrem »Halali« das Ende der Jagd und geben dem Tag einen festlich-zeremoniellen Glanz. Der Tag klingt freilich nicht ohne ein gemeinsames Essen aus, bei dem mit fortschreitendem Abend der eine oder andere Jäger ins Latein wechselt.

DER FRÜHLING ERWACHT:

WILDKRÄUTER –
DIE WUNDER AN WALDWEGEN

Der Tisch der Natur ist nicht nur für die Tiere des Waldes, sondern auch für die Menschen reich gedeckt. Viele Wildpflanzen sind essbar. Die meisten von ihnen enthalten eine Fülle von Vitalstoffen und besonderen Aromen. Kein Wunder also, dass die Gourmetküche die Wildkräuter entdeckt hat. Sie bieten Vitamine, Mineralstoffe und Spurenelemente in hoher und ausgewogener Konzentration. Noch mehr aber zeichnen sich die wild wachsenden Pflanzen durch einen besonders intensiven Geschmack aus. Wer je eine kleine Walderdbeere gegessen und sie mit der faden Geschmacksnote gezüchteter Massenware verglichen hat, weiß die Frucht des Waldes besonders zu schätzen.

Immer mehr Spitzenköche bereiten aus wild wachsenden Pflanzen die leckersten und geschmacksintensivsten Gerichte: etwa einen Nachtisch aus frisch gepflückten Waldbeeren, Pilze aus der Region als Beilage oder Salate, Suppen und Gemüse aus erntefrischen Waldkräutern. Die Kunden zahlen dafür Spitzenpreise. Doch die Natur bietet die Wildpflanzen kostenlos an – sieht man von dem vergleichsweise kleinen Aufwand ab, sie dort abzuholen, wohin sie ihr natürlicher Standort verschlagen hat und sie unter jeweils optimalen Wachstumsbedingungen gedeihen.

Ich habe das Glück, mit der Kräuterfrau Isolde Sanden den Schönbuch zu durchstreifen. Mit ihr wird das Erkennen und Einsammeln der wild wachsenden Pflanzen zu einem echten Naturerlebnis. Obwohl der Naturschutzbund Baden-Württemberg anhand konkreter Daten belegt, dass der Artenreichtum in der Tier- und Pflanzenwelt dramatisch zurückgegangen ist, scheint die Natur im Schönbuch so verschwenderisch, dass es die essbaren Wildkräuter in Hülle und Fülle gibt. Die ehemalige Hauswirtschaftslehrerin und frühere

Ernährungsberaterin muss Wildkräuter nicht lange suchen – sind findet sie hier fast überall.

Am Heuberger Tor, wohin uns ein Zufall verschlagen hat, wachsen Scharbockskraut und Bachnelkenwurz, Brunnenkresse und Knoblauchsrauke, Wiesenschaumkraut und Waldsauerklee, Löwenzahn und Weißwurz, dazu Brennnesseln, Waldmeister und Giersch und noch vieles mehr: Wildkräuter, soweit das Auge reicht.

Plötzlich stehen wir in einem Feld von Bärlauch. Und schon packt die Pflanzenexpertin eine Stofftasche aus. »Das gibt heute Mittag ein leckeres Gemüse«, sagt sie. Isolde Sanden denkt praktisch, wie eine sparsame Hausfrau, der die Natur die Zutaten für ein vitamin- und mineralstoffreiches Mittagsmahl gibt. »Man muss

Gundelrebe

Brennnesseln

Aronstab

Waldmeister

sich nur ein bisschen mit der Materie beschäftigen, dann hat man praktisch kostenlosen Genuss.« Dabei versteht es sich von selbst, dass sie nur Kräuter pflückt, die nicht unter Naturschutz stehen. Die Schlüsselblume, die im Frühling ihre Pracht entfaltet, ist ein solches geschütztes Heilkraut und bleibt deshalb im Boden.

Isolde Sanden weiß, dass die kleinen Bärlauchblätter besonders zart sind und zudem besser schmecken als die größeren. Also hat sie es an diesem regnerischen Frühlingstag auf die nachwachsenden Blättchen abgesehen. Die Ernte dauert zwar etwas länger, doch dafür kann sie beim Mittagessen mit einer Besonderheit aufwarten. Und wenn noch etwas übrig bleibt, dann bereitet sie aus ihrer Ernte noch etwas Bärlauch-Pesto zu.

Die Kräuterfrau findet es schade, dass viele Menschen keinen Bärlauch essen: »Denn Bärlauch ist unser inhaltsreichstes Frühjahrsgemüse.« Die Gefahr einer Verwechslung ist indessen kaum vorhanden. Im Gegensatz zum ähnlich aussehenden Maiglöckchen entfaltet der Bärlauch beim Zerreiben der Blätter einen starken Knoblauchgeruch. Der Geruch des Zwiebelgewächses ist teilweise so intensiv, dass der Knoblauchduft zumindest dann deutlich zu riechen ist, wenn die Pflanzen – was meist der Fall ist – in großflächigen Beständen wachsen.

Mit der Herbstzeitlose kann der Bärlauch schon deshalb nicht verwechselt werden, weil der Bärlauch in feuchten Wäldern, die Herbstzeitlose aber auf trockenen Wiesen wächst. »Außerdem hat beim Bärlauch jedes einzelne Blatt einen separaten und langen Stil, auch wenn es aus derselben Wurzel wächst, während die Herbstzeitlose als Blattrosette aus dem Boden kommt und grundständig, also ohne Stil wächst«, klärt Isolde Sanden auf.

Eine kleine Verwechslungsgefahr lässt sie allenfalls bei jungen Blättern des Aronstabs gelten. Denn wie der Bärlauch wächst auch der giftige Aronstab gerne in feuchten Laubmischwäldern oder in Auwäldern und manchmal mischt sich der Aronstab direkt unter den Bärlauch. Was tun? Ganz einfach: Der etwas ältere Aronstab ist an der

Scharbockskraut

Herzform seiner Blätter leicht zu erkennen, und wo der zu sehen ist, verlässt man den Standort und pflückt ein paar Meter entfernt weiter.

In der Nähe entdecken wir Brennnesseln. »Das ist ein altes Heilkraut«, sagt die Kräuterfrau und fügt hinzu: »Brennnesseln enthalten besonders hochwertiges Eisen.« Auch daraus lässt sich ein gutes Gemüse zaubern. »Schneiden Sie die Blätter bis zu zehn Zentimeter von der Spitze herunter, dann hat man die Gewähr für ein frisches und geschmacksintensives Mittagsmahl.«

Und schon fällt der Blick von Isolde Sanden auf einen mitten im Wald wachsenden Löwenzahn. »Der ist sehr gesund; wichtig ist dabei nur, dass die Blätter nicht klein geschnitten werden«, rät die Expertin. Jetzt hat sie Sauerklee entdeckt. »Das ist kein Klee, weil die Pflanze botanisch zu einer anderen Klasse gehört. Doch wie alle Kleearten ergibt auch er einen guten Salat«, sagt sie.

Dann geht ihr das Herz aufs Neue auf. Sie entdeckt den entzündungshemmenden Spitzwegerich und junge Buchenschößlinge, die man ebenfalls essen kann. Beim Waldmeister, der ihr nun ins Auge fällt, sieht sie schon eine Bowle vor sich. Ihr Lieblingsrezept dazu: Gundelrebe, Waldmeister und Blätter von Schwarzen Johannisbeeren im Weißwein ziehen lassen: »Das schmeckt wunderbar«, versichert sie.

Dann hat sie eine Taubnessel im Visier und ist in Gedanken schon wieder bei der Zubereitung eines bekömmlichen Salates. Nicht anders ist es mit der Brunnenkresse, die sie wenig später entdeckt. Doch hier im Buchenwald hat diese Pflanze eigentlich nichts verloren, klärt die Kräuterfrau auf: »Brunnenkresse wächst normalerweise nur an klaren Bachläufen.« Eine mögliche Erklärung bietet sie dennoch an: »Vielleicht war es an diesem Standort in jüngster Zeit besonders regenreich.« Vielleicht war es aber auch ganz anders. Denn möglich ist es auch, dass jemand Brunnenkresse ausgesät hat, um sie dann zu ernten. Isolde Sanden weiß, wovon sie spricht. Den Bärlauch nämlich hat sie schon in die entlegensten Wälder der Eifel gebracht, wo er jetzt zur Freude mancher Waldbesucher und Wildkräutersammler wächst.

Knoblauchsrauke

DER WALD IM FOKUS DER KAMERA:

»NATURFOTOGRAFIE IST EINE SUCHT«

Begonnen hat alles ganz harmlos. Vor 30 Jahren hat Erich Tomschi mit der Fotografie angefangen. Bei einem Kurs an der Volkshochschule lernte er einen Fotografen kennen, der damals den Naturpark Schönbuch zu seinen bevorzugten Motiven auserwählt hatte. Beide verband nicht nur die Faszination der Fotografie, sondern auch die Liebe zur Natur und so ergab es sich fast zwangsläufig, dass Erich Tomschi mit seinem Lehrmeister auf Foto-Safari durch

den Schönbuch zog. »Das war echt faszinierend«, erinnert sich der 59-Jährige noch heute gerne an diese Zeit zurück.

Damals fotografierte er noch mit einer Praktika, einer einfachen Kamera aus der damaligen DDR. Danach mit einer Fuji. Dann mit einer Pentax. Schließlich professionalisierte er seine Ausrüstung immer mehr. Heute fotografiert er mit einer Nikon D 300, einer Profi-Kamera, zu der er etliche hochwertige Objektive einsetzt. Dabei fotografiert er längst nicht mehr alles, was ihm vor die Linse kommt. Erich Tomschi ist wählerisch geworden, hat sich auf Naturfotografie spezialisiert. Bevor er auf den Auslöser seiner Kamera drückt, hat er sich im Kopf schon ein Bild vom Bild gemacht. So kann es sein, dass er nur deshalb ins Goldersbachtal fährt, um dort den »Russischen Bär«, eine seltene Schmetterlingsart, zu fotografieren.

Seine Fotos bietet er diversen Verlagen und Agenturen an. Gelegentlich bestreitet er auch eine eigene kleine Ausstellung und stellt eine Auswahl seiner Fotos ins Internet – unter eigener Homepage versteht sich. Seine Augen glänzen, wenn er sich daran erinnert, dass er mit seinen herausragenden Arbeiten auch schon den einen oder anderen Fotopreis erzielt hat. Auch beim Fotoforum aller Naturparks in Deutschland hat er mit dem Bild eines brunftenden Hirsches aus dem Schönbuch einen ersten Preis erzielt. Im Moment plant er einen Baum- und Waldkalender. »Für einen Amateur«, sagt Erich Tomschi bescheiden, »ist ein eigener Kalender das Größte.«

Der Hobby-Fotograf ist in der Natur zu Hause. Wenn es ihm irgendwie möglich ist, streift er jeden Tag mit seiner schweren Fotoausrüstung durch Feld, Wald und Flur. So weiß er, wo er einen Fuchsbau findet und Jungfüchse fotografieren kann, oder wo gerade ein Buntspecht seine Jungen füttert. Um einen Schmetterling zu fotografieren, macht er sich schon am frühen Morgen auf den Weg, und während dieser in der morgendlichen Kältestarre an einem ausgewählten Standort verharrt, bringt Erich Tomschi seine Kamera mit einem Makroobjektiv in Position. Auf den Auslöser drückt er jedoch erst dann, wenn der Tau auf dem Flügel des

Impressionen im Schönbuch

65

Erich Tomschi in Aktion

Für Naturaufnahmen muss man im entscheidenden Moment an der richtigen Stelle sein.

Schmetterlings in der aufkommenden Morgensonne glitzert.

Der Naturfreund arbeitet mit der Natur, nicht gegen sie. Er versucht, ihre Gesetze zu verstehen. So schafft er es, so wenig wie möglich dem Zufall zu überlassen. Im Schönbuch kennt er zum Beispiel unzählige Wildwechsel und weiß deshalb, wo die Wahrscheinlichkeit groß ist, die scheuen Hirsche zu fotografieren. Zu seinen schönsten und spannendsten Erlebnissen gehören für ihn zweifelsfrei die Hirschkämpfe auf dem Dickenberg. »Die Brunftzeit ist schon etwas Besonderes«, sagt er. Während dieser Zeit ist der ehemalige Postbedienstete jeden Tag im Schönbuch. Oft von morgens bis abends.

Im selben Atemzug fallen ihm aber zahlreiche andere Naturerlebnisse außerhalb des Naturparks Schönbuch ein, die ihn ebenso in Bann schlagen. 30 Jahre lang hat er darauf warten müssen, einen Auerhahn fotografieren zu können. Am Kaiserstuhl hat er

den seltenen Wiedehopf fotografiert. Doch so weit muss Erich Tomschi nicht immer fahren, um seltene Tiere fotografisch festzuhalten. Im Moment hat es ihm der Eisvogel angetan, der gelegentlich im Goldersbachtal zu sehen ist, oder der Bienenfresser, dem er im Schwarzwald nachspürt.

Erich Tomschi beherrscht seine Kamera aus dem Effeff. Wie viele andere Natur- und Makrofotografen wählt er als Betriebsart in der Regel die Zeitautomatik. So kann er am besten die Schärfentiefe beeinflussen, also jene Zone bestimmen, die auf dem Foto scharf abgebildet werden soll. Die Blende macht er beim Fotografieren aber meist so weit wie möglich auf und das hat nach seiner Philosophie einen einfachen Grund: »Ein Fotograf hat selten genug Licht.« Bei dieser Technik kann er auch die Verschlussgeschwindigkeit regulieren. Das ist für ihn umso wichtiger, als er damit beim Fotografieren unter eher ungünstigeren Lichtverhältnissen im Wald und bei Verwendung extremer Brennweiten die Gefahr vermeidet, ein Bild zu verwackeln.

Für die Tierfotografie verwendet Tomschi überwiegend ein Objektiv mit 500 mm Brennweite und setzt dazu den Autofokus ein. Daneben hat er aber noch diverse andere Zoom-Objektive im Köcher. Beim Fotografieren achtet er darauf, dass er die Fotos eher unterbelichtet als überbelichtet, weil sie bei der Bildbearbeitung am Computer problemlos aufgehellt werden können. »Um eine optimale Bildqualität zu bekommen, macht die Entfernung sehr viel aus«, betont Tomschi. Standardmäßig setzt er ein Stativ ein, um auch bei geringen Verschlusszeiten scharfe Fotos zu erhalten. Wenn es zu warm ist und die Luft flimmert, ruht bei Erich Tomschi die fotografische Arbeit. »Das gibt kein Bild«, sagt er lapidar. Nach dem Regen oder morgens gibt es nach seinen Erfahrungen hingegen die besten Chancen für gute Aufnahmen.

Erich Tomschi ist nicht damit zufrieden, lediglich eine Landschaft oder ein Tier zu fotografieren. »Es muss«, sagt er, »immer etwas Besonderes passieren.« Einen Vogel fotografiert er nur in Aktion, eine Landschaft nur unter ungewöhnlicher Perspektive oder mit außergewöhnlichen Linien, Farben oder Bildinhalten. Erich Tomschi, der sich auch beim Naturschutzbund engagiert, setzt auf das natürliche Bild in der naturbelassenen Umwelt. Das schließt nicht aus, dass er – etwa um einen Schwarzspecht zu fotografieren – gelegentlich ein Tarnzelt einsetzt.

Im Laufe der Jahre schraubte der inzwischen wie ein Profi arbeitende Fotograf seine Ansprüche immer höher. Das letzte Geheimnis seiner Fotografie besteht jedoch nicht nur in der technischen Beherrschung seiner Apparaturen und im Wissen um die Wirkung der Fotos. Erich Tomschi hat etwas, was die meisten Fotografen nicht haben: Er hat Zeit. Deshalb erzwingt er keine Fotos. Er steht auch nicht – wie mancher Profi – unter Veröffentlichungsdruck. Manchmal wartet er jahrelang, bis er das exakt richtige Motiv findet – etwa säugende Jungfüchse oder einen Hirsch, der an einem Teich Wasser schöpft. »Um im entscheidenden Moment abdrücken zu können, muss man da sein« – so einfach hört sich Naturfotografie in den Worten von Erich Tomschi an. In Wirklichkeit sitzt er tage- oder wochenlang »am richtigen Platz«, den wiederum nur derjenige kennt, der sich viel Zeit für ein außergewöhnliches Hobby nimmt.

Über seine Erfahrungen im Wald und beim Fotografieren flüstert er auf einem Hochsitz am Sommerstichweg in das bereitgestellte Mikrofon. Auch diese Zeit wird schließlich zu einem fotografischen Gewinn. Aus 8 Meter Höhe bekommen wir den scheuen Kuckuck zu Gesicht, der einer hinzu geflogenen Taube sein namenprägendes »Kuckuck« entgegen schleudert. Einmal mehr hat sich für Erich Tomschi ein Erfahrungssatz seines Lehrers der Volkshochschule bestätigt: »Naturfotografie ist eine Sucht.«

Gewitterstimmung am Birkensee

ALLES FÜR EIN GEWEIH, ALLES FÜR EIN FOTO:
DIE MODERNEN WILDERER

Im Schönbuch stellen etliche Eiferer dem Rotwild nach. Tag und Nacht, bei Wind und Wetter sind sie im Einsatz für ihre Sache. Sie wollen die Tiere nicht erlegen, sondern haben es auf etwas anderes abgesehen: Sie wollen eine Trophäe nach Hause bringen und sind so etwas wie die modernen Wilderer unserer Zeit. Die kleinere Gruppe davon sind die sogenannten Stangensucher, die es auf ein möglichst gut erhaltenes, starkes und weit verzweigtes Geweih abgesehen haben.

Förster berichten davon, dass diese Enthusiasten die Spuren von Hirschen regelrecht verfolgen und sich deshalb kreuz und quer durch den Wald schlagen. Wie ein Förster, so wissen auch sie ganz genau, wo die kapitalen Hirsche stehen, welche Wege sie bevorzugen und wohin sie sich zurückziehen. Anfang des Jahres, wenn Hirsche und Rehböcke ihre Geweihe abwerfen, sind sie unterwegs im Wald. Ein Förster berichtet glaubhaft von einem Mann, der Jahr für Jahr dann Urlaub nimmt, wenn die Hirsche ihre Geweihe »fegen«. Der spezielle Kitzel besteht für diese Spezies darin, ein Geweih selbst zu finden und es trotz des Verbots nach Hause zu schleusen.

Die Stangensucher werden inzwischen von einer anderen Gruppe zahlenmäßig überholt, die den Wildtieren gleichfalls ohne Rücksicht auf deren Lebensgewohnheiten nachstellen: die Tierfotografen. Damit sind nicht jene Naturliebhaber gemeint, die im Schönbuch wandern und Rotwild oder auch andere Waldtiere dann fotografieren, wenn sie ein Zufall vor ihre Linse treibt. Damit sind vielmehr jene Fotografen gemeint, die für ein gutes Tierfoto eigens die Voraussetzungen schaffen.

Mit dem Anfüttern schaffen manche Fotografen erst die Voraussetzung für ein gutes Tierfoto.

An einer Futterkrippe hat ein Hirsch sein Geweih abgeworfen – für die modernen Wilderer sind solche Trophäen besonders begehrt.

So gibt es im Schönbuch einige Fotografen, die sich in der Mitte des Waldes kleine Ansitze bauen und dort das Wild professionell anfüttern. Weil das Futter in nennenswertem Umfang jedoch nicht im Rucksack in den Wald gebracht werden kann, gibt es Enthusiasten, die ein Flächenlos ersteigern, um auf diese Weise die Berechtigung für eine Durchfahrt in den Schönbuch zu ergattern, sodass das Futter mit Auto und Anhänger an den gewünschten Platz gebracht werden kann. Beim Ansitzen im Wald ist diesen Foto-Jägern dann keine Anstrengung zu viel. Eingehüllt in einen Schlafsack warten sie oft die ganze Nacht hindurch, bis sich die Tiere in Sicherheit wähnen und ihre natürliche Scheu für den Bruchteil einer Sekunde verlieren. Dieser kurze Augenblick genügt ihnen dann für ihr Erfolgserlebnis, den ultimativen »Schuss«. Wie spezielle Foto-Foren zeigen, gibt es unter Tierfotografen zum Teil regelrechte Wettbewerbe um die besten oder außergewöhnlichsten Fotos. Mit authentischer Fotografie in der freien Wildbahn hat dies allerdings nichts zu tun. Im Vergleich dazu ist die Aufnahme von einem Tier im Wildgehege ehrlicher, weil sie nichts vorgaukelt. Im Schönbuch gibt es jedoch auch andere Möglichkeiten, Rotwild in freier Wildbahn zu sehen – und zu fotografieren.

Auf speziellen Fotoforen gibt es Wettbewerbe um die besten Fotos.

Um die Waldtiere nicht zu stören und trotzdem für den Waldbesucher beobachtbar zu machen, wurden vor den weithin einsehbaren Waldschneisen spezielle Sichtblenden angebracht. Wahrscheinlich nimmt das Wild die Besucher hinter diesen Sichtblenden wahr. Doch weil für die Tiere davon keine Gefahren ausgehen, verharren sie dort oft lange Zeit – zur Freude der Wanderer, Naturliebhaber und Fotografen. Eine Attraktion zur Wildbeobachtung in freier Wildbahn ist die Besucherkanzel auf dem Dickenberg, die sich insbesondere während der Brunftzeit großer Beliebtheit erfreut. Ein Geheimtipp: Entlang der Allee Troppender Wasen gibt es nicht nur eine Schneise mit Sichtblende, sondern auch einen neu eingerichteten Wildbeobachtungspunkt, der bei schlechtem Wetter auch als vorübergehender Unterschlupf dienen kann. Auch auf dem Bromberg wurde unweit des Birkensees eine wetterfeste Hütte zur Wildbeobachtung gebaut. Die Wahrscheinlichkeit, dort Rotwild aus unmittelbarer Nähe zu sehen, ist gar nicht so gering.

EIN BLICK ZURÜCK:

DER SCHÖNBUCH IN HISTORISCHEN QUELLEN

Der Schönbuch leitet seinen Namen nicht von schönen Buchen ab. Doch bevor der Namensfrage nachgespürt wird, lohnt sich ein Blick in die Geschichte. In den ältesten – bislang bekannten – historischen Zeugnissen heißt das vom Goldersbach durchflossene Waldstück »Shaienbuch«, »Schainbvoch« und »Schaienbuch« (Urkunden von 1187, 1191 und 1193).

Graf Eberhard I. verwendet die Namen »Schunbuch«, »Schuembuch« oder »Schaembuch« (1492).

Heinrich Schweickher stellte im Jahr 1575 den ersten Ämteratlas für das Herzogtum Württemberg fertig. Schon dieser Atlas bezeichnet das Waldgebiet rund um den Rorbach und Ramspach (ältere Namen für Goldersbach) als »Schönbuch«, das Gebiet nördlich von Heslach und Schlaitdorff als »Vorm Schönbuch«.

Georg Gadner benennt im Jahr 1592 das Waldgebiet zwischen den Fildern sowie dem Böblinger Forst im Norden, dem Albtrauf im Süden, dem Gäu im Westen und dem Kirchheimer Forst im Osten als »Tibinger Vorst« und »Schambvech«. Diese Darstellung wurde durch unerlaubten Nachdruck zur gebräuchlichsten Karte Württembergs – auch wenn der Schönbuch-Forscher Hermann Grees etliche Ungenauigkeiten in ihr ausmacht. Doch gibt gerade diese Karte in mehrfacher Weise zu Überlegungen Anlass: Der Tübinger Forst und der später so bezeichnete Schönbuch sind offensichtlich nicht dasselbe.

Ein Aquarell von Jacob Ramminger stellt in leuchtenden Farben den Einsiedel dar. Das Bild aus dem Jahr 1596 wird als »Schlößlin im Schöbuoch zun Ainsideln oder S. Petern« bezeichnet.

Eine Kartenaufnahme von Wilhelm Schickard aus dem Jahr 1634 bezeichnet das Waldgebiet südlich von Holzgerlingen und Waldenbuch und

Vom »Shaienbuch« zum »Schönbuch«: Um 1800 hat das Waldgebiet endgültig seinen Namen gefunden.

nördlich von Tübingen als »Schonbuch«. Auch die Karte von Andreas Kieser von 1683, die laut Grees »fast alle Merkmale eines modernen Katasters aufweist«, bezeichnet dieses Waldgebiet als »Tübinger Vorst sambt dem Schonbuch«. Einmal mehr wird klar, dass der Tübinger Forst und der Schönbuch zweierlei sind, allenfalls in Teilen gleiche Schnittmengen haben.

Wie Hermann Grees darstellt, erfolgte die Vermessung und Kartierung des Schönbuchs aufgrund einer Anordnung von 1794. Auf den württembergischen Flurkarten wird das betreffende Waldgebiet nun als »Herrschaftliche Schoenbuch Waldungen« bezeichnet.

Johann Gottlieb Friedrich Bohnenberg leitete die Vermessung des Königreichs Württemberg, das nach der napoleonischen Umwälzung seine Verwaltung modernisierte. Wie Wolfgang Sannwald darstellt, sollte im neuen Königreich auf diese Weise eine »möglichst vollkommene Grundsteuer« eingeführt werden. Das Ergebnis war überwältigend. Es wurden 15 572 gleichgroße Flurkarten (Katasterkarten) im Maßstab 1:2 500 geschaffen. Seine »Charte von Schwaben«, eine topografische Landesaufnahme von Südwestdeutschland aus dem Jahr 1799/1800, die Sannwald als »die fortschrittlichste Privatkartierung« bezeichnet, nennt das Waldstück »Schön Buch«. Der Schönbuch hat damit seinen Namen endgültig gefunden.

WIE DER SCHÖNBUCH ZU SEINEM NAMEN KAM:

EIN WINK MIT DEM ZAUNPFAHL

Ist es ein Zufall, dass wir bis heute nicht genau wissen, wo die Grenzen des Schönbuchs liegen? Dies könnte daran liegen, dass sich der Inhalt dessen, was wir als Schönbuch bezeichnen, im Laufe der Jahrhunderte immer wieder verändert hat. Blicken wir zurück in die Geschichte, so werden folgende Beispiele augenfällig: Im Jahr 1515 hat Herzog Ulrich von Württemberg seinen Stallmeister Hans von Hutten »im Schönbuch« gemeuchelt, um das Techtelmechtel zu dessen Ehefrau Ursula ungestört fortsetzen zu können. Die Eiche, in die Herzog Ulrich den Leichnam seines Untertanen hängte, stand im Forst zwischen dem Vaihinger Gemeindewald und Böblingen, nach heutiger Auffassung also eindeutig außerhalb des Schönbuchs. Damals hingegen reichte der Schönbuch offenbar bis vor die Tore Stuttgarts.

Ein anderes Beispiel zeigt den umgekehrten Fall. So würde heute niemand den geringsten Zweifel daran haben, dass Bebenhausen inmitten des Schönbuchs liegt. Zur Zeit der Zisterzienser war das anders. Damals war Bebenhausen einschließlich des darum herum gelegenen Klosterwaldes, der vom Kirnbach bis zum Kleinen Goldersbach reichte, ein eigenes Herrschaftsgebiet und lag damit außerhalb des Schönbuchs. Das hatte weitreichende Konsequenzen: Das Kloster war damit dem Zugriff der Tübinger Pfalzgrafen und, etwas später, der Herrschaftsgewalt der Herzöge von Württemberg entzogen.

Soviel lässt sich aus den Beispielen entnehmen: Der Schönbuch war nicht der Überbegriff für das Waldgebiet rund um den Goldersbach. Der Name muss mithin etwas anderes bezeichnet haben. Man kommt der Sache auf die Spur, wenn man den Schönbuch in den Augen seiner Nutzer zur Zeit des Mittelalters betrachtet. Dabei wurde der Königswald (»forestis«) vom allgemeinen Wald (»silva«) getrennt. Der Königswald stand, von kleinen Ausnahmen abgesehen, dem König und seinen Beauftragten zur freien Verfügung. Der allgemeine Wald war dagegen für die Bevölkerung eingeschränkt nutzbar. Wie Rudolf Kieß diesen Zusammenhang erklärend darstellt, kommt der landesherrliche Forst im württembergischen Raum einerseits als Jagdbezirk, andererseits als Nutzungsbezirk vor.

Im Jagdbezirk stehen dem Inhaber das Recht auf die hohe Jagd sowie gewisse hoheitliche Rechte zu. Bis ins 15. Jahrhundert wurde dieses Hoheitsrecht als Wildbann bezeichnet. Der Wildbann schloss jedoch nicht nur die Verfügungsgewalt über das Wild ein. Dieses Hoheitsrecht umfasste weitergehende, zeitlos gültige Rechte. In einem Nutzungsbezirk wurde dagegen lediglich die Nutzung des Waldes den Berechtigten auf eine gewisse Dauer überlassen.

Dass es beim Schönbuch einst um Nutzungsinteressen ging, erklärt das Wort »silva«. In den Urkunden von 1191 und 1193 wird dieser Wald nämlich als »silva Schainbvoch«

Der Schönbuch wurde 1794 vermessen und kartiert. Der Stein beim Walddorfer Sträßle trägt das Datum 1795 und gehört mithin zu den ersten Vermessungssteinen im neuen System. Abtsstab sowie die Initialen CB (für Commune Bebenhausen) deuten jedoch an, dass es sich um eine alte Klosterwaldgrenze handelt.

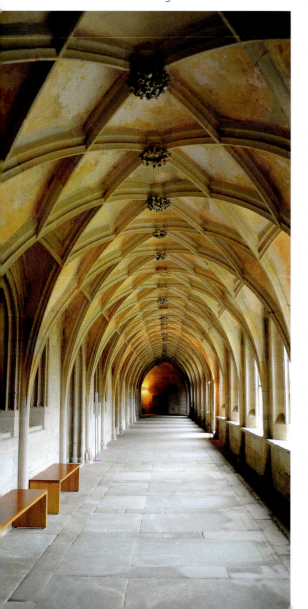

Mit dem Ende der Reformation im Jahr 1534 fiel der reiche Besitz des Klosters Bebenhausen an das Haus Württemberg.

und »silva Schainbuch« bezeichnet. Der Zusatz »silva« gibt einen klaren Hinweis darauf, um was es sich handelte. Denn im Gegensatz zu »forestis« handelt es sich bei »silva« um einen Wald, den grundsätzlich jedermann nutzen durfte. Ganz klar bringt das auch eine Urkunde von 1187 zum Ausdruck, in der Herzog Friedrich V. von Schwaben kraft kaiserlicher Genehmigung seines Vaters Friedrich Barbarossa dem Kloster Bebenhausen Waldnutzungsrechte im Schönbuch übereignet – wahrscheinlich zum Holzeinschlag, um die Klostergebäude erstellen zu können. Neben diesem Dokument, das den Schönbuch erstmals namentlich erwähnt, gibt es eine weitere frühe Urkunde von Pfalzgraf Rudolf aus dem Jahr 1191, die dem Kloster Waldnutzungsrechte im Schönbuch einräumt. Es ist davon auszugehen, dass von da an das Kloster nicht nur eigene, eigentumsgleiche Rechte hatte, sondern über mehrere Jahrhunderte hinweg auch Nutzungsrechte im Schönbuch besaß. So heißt es im Forstlagerbuch von 1556: »Bebenhausen, der Prälat, hat etlich Wäldchen im Scheinbuch.«

Doch wo begannen, wo endeten diese Nutzungsrechte? Es darf angenommen werden, dass die Bannwälder durch Bannzäune abgegrenzt, möglicherweise auch von einem Wall oder Graben umgeben waren. Der außerhalb davon liegende »offene oder gemeine Schönbuch« wurde se-

parat betrachtet und weiter unterteilt. Um den zahlreichen Nutzern ihre Nutzungsrechte zuzuweisen, ihnen also Rechtssicherheit zu geben, dürfte der allgemein zugängliche Wald gleichfalls mit Zäunen markiert worden sein.

Wie Max Zeyher darstellt, nahmen vorübergehend 5 Städte, 54 Dörfer und Weiler, 7 Schlösser und Burglehen, 31 Höfe und 39 Mahlmühlen diese Nutzungsrechte in Anspruch. Dazu gehörte nicht nur das Recht, Holz zu schlagen, sondern zahlreiche weitere Rechte, etwa die Waldweide, der Schweineeintrieb oder die Laubstreunutzung. Wie bedeutend, ja geradezu existenziell diese Nutzungsrechte für ihre Inhaber im mittelalterlichen Schönbuch waren, zeigt eine Zahl: Im Jahr 1714 wurde die Zahl des eingetriebenen Viehs im Schönbuch auf über 15 000 Stück beziffert.

Die ersten historischen Quellen bezeichnen den Schönbuch als »Shaienbuch«, »Schainbvoch« und »Schaienbuch«. Eindeutig klar ist, dass das mittelhochdeutsche »buoch« einen Wald oder ein Waldstück bezeichnet. Doch was hat es mit dem Wort »Shaien« auf sich? Wie Friedrich Vogt und Matthias Lexer darstellen, wurde mittelhochdeutsch mit »schîe« ein Zaunpfahl bezeichnet. Konrad Schwenk verweist in seinem »Wörterbuch der deutschen Sprache« darauf, dass ein Zaunpfahl als »scheie« oder »schye« bezeichnet wurde. Noch klarer bringt

Die Grenzen des Schönbuchs waren nie eindeutig definiert.

es Alexander Frick zum Ausdruck: »Unter Scheie verstand man früher einen Latten- oder Holzzaun.« In manchen Teilen der Alpen, wo sich frühere Sprachstufen oft sehr lange erhalten haben, wird ein Zaun mit gekreuzten Pfählen noch heute als »Scheienzaun« bezeichnet.

Es darf deshalb angenommen werden, dass mit »Shaienbuch« ein Wald bezeichnet wurde, der mit Zaunpfählen abgegrenzt oder gesichert war. Dieser Wald definierte Nutzungsrechte für einen bestimmten Personenkreis.

Im »silva Schainbvoch« konnten alle Nutzungsberechtigten den Wald gegen die Bezahlung einer Miete vielfältig nutzen, etwa zum Holzschlag, zum Fischfang, zur Schweinemast, zur Viehweide, zur Nutzung des Sandes oder der Steine. Mit dem Schönbuch waren einst nur die Nutzungsrechte von Nutzungsberechtigten gemeint und zwar innerhalb des von Zaunpfählen markierten Gebiets.

Dabei muss man sich wohl von der Vorstellung frei machen, der Schönbuch sei einst ein auf Dauer räumlich exakt definiertes Waldgebiet gewesen. Denn es versteht sich von selbst, dass die Zäune abhängig von den Interessen der Nutzungsberechtigten von Zeit zu Zeit umgestellt wurden. Die Grenzen des Schönbuchs waren also von Anfang an fließend.

Der Dickenberg war einst ein Bannwald im Schönbuch.

Mit den veränderten Herrschaftsverhältnissen, zum Beispiel dem Übergang der Lehensrechte der Tübinger Pfalzgrafen an das Haus Württemberg (beginnend im Jahr 1342 und endend im Jahr 1382) oder dem Übergang des riesigen Grundbesitzes des Klosters Bebenhausen in das Eigentum von Herzog Ulrich nach der Reformation im Jahr 1534, veränderte sich auch der Inhalt dessen, was als Schönbuch bezeichnet wurde. Denn es versteht sich von selbst, dass der außerhalb des Schönbuchs gelegene Klosterwald mit der Einverleibung in das Haus Württemberg nun zum Schönbuch gehörte. Auch die Bannwälder, die zur Pfalzgrafenzeit außerhalb des eigentlichen Schönbuchs lagen, wurden nun plötzlich in der Schönbuchordnung mit geregelt. Ob diese Zusammenschau lediglich das Ergebnis einer verwaltungsmäßigen Vereinfachung oder einer inhaltlich neuen Betrachtungsweise war, mag dahingestellt bleiben. Die Schönbuchordnung von 1585 kannte jedenfalls als Bannwälder das Aichholz oder Weinsteige auf der Entringer Hut, den Glashau am Bromberg, den Dickenberg, Kirnberg und Diemenhalden sowie den Sulzrain bei Waldenbuch. Später kam noch die Reichenbachhalden bei Waldenbuch dazu.

Das Beispiel Diemenhalden, das einst ein Gebiet beim Einsiedel zum Schweineeintrieb markierte und damit im offenen Schönbuch lag, zeigt, dass sich auch die Grenzen zwischen dem nicht gebannten und dem gebannten Schönbuch immer wieder veränderten. Dabei muss nicht einmal in jedem Fall unterstellt werden, dass die württembergischen Grafen und Herzöge stets darauf bedacht waren, ihr Refugium auszudehnen. Es kann auch sein, dass Teile des Schönbuchwaldes zur Regeneration geschlossen worden sind, also vorübergehend als Bannwald ausgewiesen wurden.

Bemerkenswert bei der sprachlichen Betrachtung ist noch etwas anderes: Der Name »Schönbuch« ist nicht einzigartig, sondern kommt auch andernorts vor, zum Beispiel in der Gegend von Überlingen. Der Grund dafür liegt nahe: Auch in anderen Orten wurden Waldgebiete für verschiedene Nutzungen mit im Wald reichlich vorhandenen Holzpfählen zur variablen und gleichzeitig überprüfbaren Nutzung abgetrennt. Das änderte sich erst, als mit der Aufstellung von Grenzsteinen feste Rechtsgrenzen markiert wurden.

Bezeichnenderweise ist bis zum heutigen Tag eine gewisse Unsicherheit über die räumlichen Grenzen des Schönbuchs geblieben. Dies resultiert möglicherweise daher, dass im öffentlichen Bewusstsein nicht mehr verankert ist, dass der Schönbuch einst kein exakt eingegrenztes Waldgebiet war. Vielmehr bezeichnete der Name ein Nutzungsrecht der Schönbuchberechtigten und Schönbuchgenossen im Wald, das von Zeit zu Zeit auf verschiedenem Grund ausgeübt worden ist. Die Bezeichnung als »Shaienbuch«, Scainbuch, Schainbuch Schaienbuoch, Schünbüch, Schambuech oder Schonbuch« blieb aber dennoch bestehen. Im Schwäbischen wird der Schönbuch noch heute als »Scheebuoch oder Schöbuoch«, gelegentlich auch als »Scheibuoch« bezeichnet.

Als die Forstwissenschaft die Nachhaltigkeit entdeckte, stand einer geregelten Forstwirtschaft die mehr oder weniger ungezügelte, auch mit zahlreichen Rechtsverstößen verbundene Nutzung des Waldes durch die einstigen Nutzungsberechtigten entgegen. Nachdem es zu Beginn des 19. Jahrhunderts darum ging, diese Nutzungsrechte im Schönbuch zurückzudrängen, kam es zu massiven Auseinandersetzungen zwischen den in Königsdiensten stehenden Förstern einerseits und den Waldnutzern andererseits, die teilweise in Mord und Totschlag endeten. Die massive Gegenwehr von Bauern und Handwerkern ist ein weiteres Indiz dafür, dass sie sich als Nutzer im öffentlichen Wald auf Rechte beriefen, die in Jahrhunderten gewachsen waren und deshalb in ihrem Bewusstsein längst Gewohnheitsrecht geworden sind. Das galt umso mehr, als der damals zur königlichen Jagd gehaltene riesige Rotwildbestand ebenso erheblichen Schaden in Wald und Flur anrichtete und einer geregelten, nachhaltigen Forstwirtschaft gleichfalls im Wege stand.

Mord und Totschlag im Schönbuch: Forstlehrling Wilhelm Pfeiffer wurde am 26. Februar 1822 im Wald umgebracht.

Im Schönbuch hatten einst Schönbuchberechtigte und Schönbuchgenossen Nutzungsrechte. Diese Nutzungsrechte prägten den Namen des Waldgebiets.

EINE ALTE HANDELSSTRASSE:

DIE VIA RHENI

Der Schönbuch wird von mehreren alten Handelsstraßen durchquert, eine davon ist die sogenannte Via Rheni. Diese Straße stellte einst eine Verbindung zwischen den großen Kaiserstädten Worms, Mainz und Speyer sowie Oberitalien her. Sie führte quer durch den Schönbuch. In mittelalterlichen Urkunden von 1191 und 1193 wird diese Straße mit dem lateinischen Ausdruck »via rheni« bezeichnet, später wurde sie unter dem mittelhochdeutschen Namen »Rinstraze«, neuhochdeutsch unter dem Namen Rheinstraße eingedeutscht. Im Schwäbischen wird sie als Rheinsträßle bezeichnet.

Im Bereich des Schönbuchs gibt es einige Indizien dafür, dass Teile dieser Trasse auf einen römischen Ursprung zurückgeführt werden können. So wurden nördlich von Bebenhausen, unweit der Via Rheni, römische Münzen gefunden. Noch mehr spricht aber der Standort einer bei der Schnapseiche entdeckten ehemaligen römischen Töpferei direkt an der Via Rheni dafür, dass diese Straße – jedenfalls auf diesem Teilabschnitt – bereits zu römischer Zeit bestanden haben dürfte. Denn der massenhafte Transport der Töpferwaren setzte ein intaktes Wegenetz voraus.

Dem Fernverbindungsweg kam nicht zuletzt auch deshalb eine wichtige Rolle zu, weil er ganz in der Nähe des römischen Hauptortes Rottenburg lag. Zudem gibt es weitere Belege dafür, dass wahrscheinlich bereits zu römischer Zeit Teile der späteren Via Rheni bestanden haben. So trägt der Weg neben der Straße zwischen Bebenhausen und Lustnau bis zum heutigen Tag den Namen »Heerweg« und bezeichnenderweise gibt es auch zwischen dem Schaichhof und Altdorf eine »Heerstraße«. Dies könnte belegen, dass bereits römische Heere diesen Streckenabschnitt nutzten. Möglicherweise war diese Straße an wichtigen Knotenpunkten, etwa bei Lustnau, militärisch gesichert.

Unmittelbar an der Via Rheni oder in geringer Entfernung davon, wurden auch römische Wohnplätze, Denkmale und andere Zeugen römischer Vergangenheit gefunden. Die Vielzahl dieser Funde deutet darauf hin, dass es im Schönbuch ein relativ engmaschiges Netz von römischen Wegen gegeben hat, die im Verlauf mehrerer Jahrhunderte weiter ausgebaut wurden. Der Ausbau des Fernstraßennetzes bot sich an. Denn diese Heer- oder Königstraßen spülten den Machthabern erhebliche Zolleinnahmen in die Kassen – sie waren also so etwas wie frühe mautpflichtige Straßen. Zudem waren diese Fernverbindungswege den Herrschern auf ihren langen Reisen durch das Land nützlich. So gibt es eine mündliche Überlieferung, nach der Kaiser Otto mit seiner Gemahlin auf dieser Straße unterwegs war und in Mauren einen Markt gestiftet haben soll.

Der genaue Verlauf der Römerstraße ist allerdings nicht mehr bekannt. Vorstellbar ist zum Beispiel, dass sie auf einem Steckenabschnitt der jetzigen Bundesstraße zwischen Schaichhof und Kälberstelle und von dort durch das Seebachtal nach Bebenhausen geführt worden ist. Selbstverständlich ist diese Straße mit dem erzwungenen Rückzug der Römer durch die Alamannen nicht vollständig untergegangen. Wahrscheinlich blieben Teile davon erhalten und dienten als Grundlage für den Aus- und Neubau der Via Rheni.

Nördlich des Brühlweihers biegt die »Rheinstraße« vom Böblinger Sträßle nach links in nordwestlicher Richtung ab.

Die »Rheinstraße« quert das Kleine Goldersbachtal.

Bislang wurden keine Zeugnisse gefunden, die die Via Rheni innerhalb des Schönbuchs in ihrem ganzen Verlauf als eine römische Straße ausweisen könnten. Insbesondere können jene für »Karrenspuren« gehaltene Vertiefungen im Stubensandstein unterhalb des Widenmann-Denkmals nicht in den Zusammenhang mit der Römerzeit gebracht werden. Zwei Gründe sprechen eindeutig dagegen. Wie die Archäologin Professor Dr. Barbara Scholkmann darstellt, passt dafür die Spurbreite der römischen Wagen nicht. Zudem bauten die Römer die Straßen in der Regel quer zum Hang und nicht – wie auf dem Abschnitt beim Widenmann-Denkmal – in der Falllinie eines Hanges.

Ganz anders sah dagegen der mittelalterliche Straßenbau aus. Die Straßen wurden in möglichst direkter Linie zwischen zwei Verbindungspunkten gebaut. Deshalb kommt Barbara Scholkmann zu einem eindeutigen Urteil: »Der Verlauf der Straße mit dem steilen Anstieg zum Widenmann-Denkmal ist ein typischer Verlauf einer mittelalterlichen Straße.« Die ehemalige Römerstraße könnte deshalb auf einer anderen Trasse verlaufen sein. Sie ist nicht mehr auf ihrer gesamten Länge darstellbar. Dagegen lässt sich der Verlauf der mittelalterlichen Via Rheni in der Schönbuch-Region anhand einer Karte des Oberamtsbezirks Tübingen von 1853 sowie der Beschreibung des Oberamts Tübingen von 1867 noch relativ gut nachvollziehen. Der Fernverbindungsweg hat sich über Jahrhunderte hinweg auch gut erhalten.

Von Lustnau aus führte diese mittelalterliche Straße nach Bebenhausen, von dort aus in nördlicher Richtung zum Kaltenbüchle, dann steil hinauf auf eine Zwischenterrasse beim heutigen Widenmann-Denkmal. Man kann sich gut vorstellen, welche enorme Kraftanstrengung notwendig war, damit ein beladenes Ochsengespann oder Pferdefuhrwerk den dortigen Höhenunterschied von annähernd 100 Metern bewältigen konnte.

Das Straßenpflaster ist auf diesem Steilstück bis heute erhalten geblieben. Es zeigt, dass es sich bei der Via Rheni keineswegs um einen einfachen Feldweg handelte, sondern um eine professionell angelegte Straße mit dem entsprechenden Unterbau. Der gigantische Aufwand für den Straßenbau wird sicherlich nicht ohne Konsequenzen für die spätere Straßenbenutzung geblieben sein. So ist anzunehmen, dass die Nutzer dieser Straße ein Wegegeld bezahlen mussten. Wahrscheinlich waren auch die dort transportierten Waren mit Zöllen belegt.

Vom Widenmann-Denkmal führte die ehemalige Handelsstraße ein Stück geradeaus auf dem Böblinger Sträßle, um dann im Brühl einen Knick in nordwestliche Richtung zu machen. Etwas unterhalb des Kreuzungspunktes beim Kleinen Goldersbachtal wurde vor einigen Jahren eine Glashütte entdeckt. Wie ein Mosaikstein passt der Standort der Glashütte in den Bedeutungszusammenhang der damals wichtigen Fernstraßenverbindung. Denn sie erlaubte es, die fertigen Glasprodukte in nördliche oder südliche Richtung abzutransportieren. Von der Talebene des Kleinen Goldersbaches führte der Weg erneut steil bergauf: vom »Klaftersteigle« über die »Altdorfer Heusteige« zur Schnapseiche. Diese Stelle dürfte wiederum bereits zu römischer Zeit ein wichtiger Knotenpunkt gewesen sein. Dafür spricht nicht allein der Standort einer römischen Ziegelei. Forscher wie Eduard Paulus rücken diesen Ort sogar in den Zusammenhang zu dem strategisch wichtigen höchsten Punkt des Schönbuchs auf der Bromberggebene, der nur einen Steinwurf von der Via Rheni entfernt lag.

Es ist dabei nicht ausgeschlossen, dass eine andere, von Rottenburg ausgehende und über Altingen, Gültstein und Herrenberg führende Römerstraße, am nördlichen Schönbuchrand auf die Via Rheni traf. Denn wie Eduard Paulus in einer Erklärung der Peutinger Tafel (römisches Kartenwerk) darstellt, führte diese Straße an Hildrizhausen, Altdorf und Holzgerlingen vorüber nach Böblingen.

Von der Schnapseiche aus dürfte die Via Rheni in annähernd gerader Linie nach Norden verlaufen sein, bis sie beim Golfplatz Schaichhof auf das jetzige Franzensträßle trifft und dort – nach heutiger Sicht – das Waldgebiet des Schönbuchs verlässt und weiter ins Würmtal nach Mauren führt.

Steilanstieg vom »Klaftersteigle« zur Altdorfer Heusteige (unten). Bei der Schnapseiche (oben) verlässt die »Rheinstraße« das Waldgebiet des Schönbuchs.

WIE IM SCHÖNBUCH EINE GLASHÜTTE WIEDERENTDECKT WURDE:

GLITZERNDE GLASSTEINE IM GOLDERSBACH

Im Sommer 1986 machten spielende Kinder im Schönbuch einen sensationellen Fund. Antonia und Katharina Scholkmann entdeckten beim Spielen im Kleinen Goldersbach glitzernde Glassteine. Den Zauber ihrer Entdeckung behielten sie nicht lange für sich. Voller Freude zeigten sie die Steine ihrer Mutter Barbara Scholkmann. Ihr stockte der Atem, die Augen leuchteten. Denn der Archäologin war sofort klar, dass sie eine Rarität in den Händen hielt. »Ich habe gesehen, dass die Steine mit einer Glasschmelze überzogen sind«, erinnert sie sich heute. Der Zufall wollte es, dass sie kurz zuvor bei der Ausgrabung einer Glashütte im Nassachtal zwischen Ebersbach und Uhingen genau dieselben Steine gefunden hatte. Sofort war ihr klar, dass der Fund im Schönbuch nur von der Produktionsstätte eines Glasschmelzofens stammen konnte. Die Wissenschaftlerin kombinierte schnell. »Weil es im Schönbuch keine Siedlungen gibt, mussten die Steine von einer Glashütte stammen, die bachaufwärts liegen musste, weil die Steine ja nur abwärts geschwemmt werden.« Die Professorin war in ihrem Element. Sie erkundete das Gelände oberhalb der Fundstelle. Dabei fiel ihr geschultes Auge auf eine oberhalb des Baches liegende Terrasse – eine der ganz wenigen Stellen im Kleinen Goldersbachtal, die hochwassergeschützt sind. »Ich dachte, das könnte der Standort einer Glashütte sein.«

Barbara Scholkmann hat dann das nächste Frühjahr abgewartet und machte sich zusammen mit ihren Studenten daran, dieses Gebiet systematisch abzusuchen. Und tatsächlich: Die Gruppe der Tübinger Studenten fand zahlreiche Glassplitter, Glasfäden, Glastropfen und Glasscherben. Ihre Mentorin erkannte, dass es sich dabei »eindeutig um Produktionsrückstände eines Glasschmelzofens« handeln musste. Doch damit standen die Schatzsucher erst am Anfang ihrer Arbeit.

»Wir haben dann eine geophysikalische Prospektion gemacht«, sagt sie. Im Klartext: Es wurde mit wissenschaftlichen Mitteln erkundet, was unterhalb der Erdoberfläche liegt. Und tatsächlich: Es gab eindeutige Hinweise, dass an dieser Stelle einst große Öfen standen. Bald darauf wurde der Platz dann wissenschaftlich ausgegraben. Die Routinearbeit vor Ort bestätigte schließlich die Annahmen und übertraf die kühnsten Erwartungen: Im Kleinen Goldersbachtal stand einst ein großer zentraler Schmelzofen, der Platz für sechs Tigel hatte. »Es konnten also sechs Glasbläser gleichzeitig arbeiten«, erklärt Barbara Scholkmann und fügt hinzu: »Das war keine kleine Klitsche.« Zu diesem Ofen kamen weitere Nebenöfen hinzu, die dazu dienten, die fer

Professor Dr. Barbara Scholkmann erläutert am Standort der ehemaligen Glashütte im Kleinen Goldersbachtal die Funktion eines Schmelzofens.

Im Kleinen Goldersbachtal stand während des Mittelalters an dieser Stelle eine Glashütte.

Hier, im Bett des Kleinen Goldersbaches, entdeckten spielende Kinder 1986 glitzernde Glassteine.

tigen Gläser herunter zu temperieren und auskühlen zu lassen, damit die heißen Gläser nicht zersprangen. In einem Ofen wurde Flachglas hergestellt. Der freigelegte Unterbau des Glasschmelzofens hatte das stattliche Ausmaß von 5 mal 3,5 Meter; in ihm konnte eine Temperatur von deutlich über 1 000 Grad erzeugt werden. Später wurden dann noch mehrere Abfallhalden sowie ein rund 100 Meter weiter nördlich gelegener Siedlungsplatz entdeckt.

Für Barbara Scholkmann fügten sich nun weitere Mosaiksteinchen zu einem großen, stimmigen Bild zusammen. So passte der Standort wie maßgeschneidert zu einer Waldglashütte. Auch die Nähe zum Kloster Bebenhausen stimmte mit jenen schriftlichen Quellen überein, die die Zisterzienser als Betreiber einer Glashütte ausweisen. Zwar befindet sich der Standort der Glashütte westlich des Kleinen Goldersbaches und damit gerade außerhalb des Eigentums der Zisterzienser. Aber es gibt frühe schriftliche Quellen, die auch dem Kloster Nutzungsrechte im Schönbuch zusprechen. Davon haben die Zisterzienser wohl reichlich Gebrauch gemacht.

Der Platz am Rand des Klosterwaldes, der im Westen vom Kleinen Goldersbach begrenzt wurde, bot mehrere klare Standortvorteile. Insbesondere aber fanden die Glasbläser an diesem Platz jene Rohmaterialen

Ein Nuppenbecher (Replikat), wie er in der Glashütte Glaswasen hergestellt wurde.

fast unbegrenzt vor, die sie zur Glasherstellung benötigten. Den Sand konnten sie unmittelbar aus dem daneben fließenden Bach entnehmen. Und sollte dieser Rohstoff dort einmal aufgebraucht worden sein, so konnten sich die Mönche den im Keupergebiet des Schönbuchs reichlich vorkommenden Quarzsand aus nächster Nähe heranschleppen lassen; darauf verweist zum Beispiel der Name »Silbersandgrube« auf dem nahegelegenen Bromberg. Ganz in der Nähe gibt es laut Sören Frommer und Aline Kottmann acht Sandstein-Abbaugruben. Insbesondere aber wurde zur Glasherstellung enorm viel Holz benötigt und das gab es im Schönbuch während des Mittelalters ebenfalls im Überfluss. Wo vereinzelt die Spuren von übermäßigem Holzeinschlag sichtbar waren, tat dies dem Produktionsprozess keinen Abbruch, weil auch Reisig- und Resthölzer genügten, um die Öfen auf Temperatur zu bringen.

Barbara Scholkmann ist sich sicher, dass im Kleinen Goldersbachtal einst diverse Glasprodukte hergestellt wurden: unterschiedliche Formen von Trinkgläsern, Gefäßen, Glasbechern, medizinische oder alchimistische Geräte wie Schröpfköpfe und Destillierhelme und weitere gläserne Gebrauchsgegenstände. Ein Teil davon wird im Kloster Bebenhausen aufbewahrt.

Nach der Gründung der Tübinger Universität im Jahr 1477 setzte in Tübingen ein regelrechter Bauboom ein. So wurden die großen Gebäude Neue Aula, Alte Burse und eine Reihe stattlicher Bürgerhäuser gebaut. Es darf deshalb mit gutem Grund angenommen werden, dass die Glashütte im Schönbuch auch dafür die Glasfenster in großem Umfang produzierte.

Die Glasbläserei war im Mittelalter eine Geheimwissenschaft. Nur wenige kannten den Schlüssel zur Herstellung dieses Materials. Entsprechend kostbar und teuer waren die Produkte. Für das Kloster als Eigner der Glashütte war der Betrieb damit ein einträgliches Geschäft. Dies gilt selbst dann, wenn die Glashütte nicht komplett in Eigenregie, sondern – wie Sören Frommer und Aline Kottmann mutmaßen – in Kooperation mit dem damaligen Grundstückseigentümer, Graf Eberhard, geführt worden ist. Doch profitierten von der Produktionsstätte im Schönbuch wahrscheinlich zahlreiche weitere Perso-

Ein Model zur Herstellung von Rippenbechern aus Glas. Fundort: Glashütte im Schönbuch

nen, vielleicht sogar ganze Sippen und Dorfgemeinschaften. Denn man benötigte für den neu entstandenen Produktionszweig nicht nur Arbeiter, die direkt am Produktionsprozess beteiligt waren, sondern auch zahlreiche Zuarbeiter, wie Holzfäller, Köhler, Sandklopfer und Transporteure. Es lässt sich deshalb leicht vorstellen, dass zahlreiche Pferdefuhrwerke im Schönbuch unterwegs waren, um das Brennholz an Ort und Stelle zu bringen und nach der Fertigstellung die Gläser zum Verkauf abzutransportieren. In der Nähe der Glashütte wurden sogar Reste einer mittelalterlichen Ansiedlung gefunden – ein zusätzlicher Hinweis darauf, wie be-

deutend die Produktionsstätte war.

Die Zisterzienser legten die Glashütte nicht ohne Grund in der Nähe der Via Rheni an. So war es möglich, ohne großen Aufwand die Glasprodukte in zahlreiche Städte Südwestdeutschlands zu liefern. Für Barbara Scholkmann belegt die Größe des Schmelzofens eine hohe Produktionskapazität. Nach ihrer Einschätzung hat der Glasmacherbetrieb seine Produkte arbeitsteilig hergestellt; er war auf Massenfertigung ausgerichtet. Wahrscheinlich entstand dadurch im Schönbuch ein bedeutender Handelsplatz. Es darf angenommen werden, dass Herstellung und Handel mit Glas zu einem enormen wirtschaftlichen Aufschwung geführt hat.

Wie lange die Glasproduktion im Schönbuch bestand, lässt sich nicht mehr genau sagen. Barbara Scholkmann grenzt den maximalen Zeitraum auf 1450 bis 1500 ein. Ottilie von Fridingen, eine Schwester des letzten Bebenhäuser Abts Johannes von Fridingen, schreibt gegen Ende des 15. Jahrhunderts, wie sehr sie bedauere, dass nunmehr die »glaß hüt nit me bey üch sey«. Spätestens mit der Reformation und der Übernahme des kompletten klösterlichen Besitzes durch den württembergischen Herzog Ulrich im Jahr 1534, wahrscheinlich aber schon wesentlich früher, wurde die Glasproduktion eingestellt. Sören Frommer und Aline Kottmann grenzen die maximale Betriebszeit der

Zur Glasherstellung wurde enorm viel Holz benötigt, das während des Mittelalters im Schönbuch in annähernd unbegrenzter Menge zur Verfügung stand.

Filigranes Ausstellungsstück im Klostermuseum

Glashütte auf die Jahre von 1470 bis 1500 ein, möglicherweise auf die Zeitspanne von 1477 bis 1489/90. Nach dieser Version dürfte sie in einem unmittelbaren Zusammenhang mit der Universitätsgründung im Jahr 1477 durch Graf Eberhard stehen, der in dieser Zeit mit dem Kloster umspringt, »als sei es sein Eigentum«.

Bei der Herstellung der Straße durch das Kleine Goldersbachtal stieß der große Forstmann Friedrich August Tscherning im Jahr 1867 auf Überreste von Glas. Er dokumentierte auch seinen Fund und ordnete die Glasstücke einer Glashütte richtig zu. Mangels archäologischer Kenntnisse konnte er aber die gesamte Bedeutung der Produktionsanlage nicht erfassen. In seinem Förstertagebuch hat er den Fund nicht so beschrieben, dass man ihn hätte verorten können. So war es kein Wunder, dass die Glashütte im Schönbuch wieder in Vergessenheit geriet, auch wenn sie in den Flurnamen »Glashau« und »Glaswasen« bis zum heutigen Tag fortlebt.

DIE EINSIEDELEI AUF DEM BROMBERG:

DIE MÄR VOM KLAUSNER

Wer hat einst in der Einsiedelei auf dem Bromberg gewohnt? Ein einzelner Einsiedler, wie es der Name nahelegt? Ein Familienverband, der sich am Rande der Gesellschaft auf Dauer eingerichtet hat und im Wald sein Auskommen suchte? Eine Gruppe von Männern? Vielleicht Beginen oder Begarden, also Angehörige einer christlichen Gemeinschaft, die in ordensähnlichen Gemeinschaften lebten und ein keusches Leben führten, weit abgeschieden von den Verführungen der Welt? Oder gar Häretiker, die im Widerspruch zur orthodoxen Lehre der katholischen Kirche lebten und der Gefahr der Verfolgung durch ihren Aufenthalt im Wald entgehen wollten? Bis heute sind auf diese Fragen noch keine abschließenden Antworten gefunden worden. Für eine endgültige Beurteilung fehlen schriftliche Zeugnisse.

Doch es gibt Hinweise, wie es gewesen sein könnte. Und es gibt Anzeichen dafür, dass frühere Annahmen in die falsche Richtung weisen. So hat man die in den Fundamenten der beiden Steinmauern gefundenen Bruchstücke von verbranntem Lehm bis vor wenigen Jahren als Reste eines Kachelofens interpretiert. Man nahm an, dass damit ein Einsiedler auch im Winter für wohlige Wärme gesorgt hat. Erst als der Jahrhundertsturm »Lothar« eine komplette Mauer umgerissen hatte, gab es plötzlich neue Erkenntnisse. Es stellte sich nämlich heraus, dass die Lehmreste nicht von einem Ofen stammten, sondern Teile eines Fußbodenbelags waren, eines Lehm-Estrichs. Damit ergab sich ein völlig neues Bild. Die starken Steinmauern konnten jetzt als Kellergeschoss identifiziert werden, über dem einst sehr wahrscheinlich ein wesentlich größeres Holzhaus stand. Als dieses Gebälk einmal abbrannte, stürzte es zusammen mit dem glatt gestrichenen Lehm in den Keller.

Mit der Annahme eines wesentlich größeren Fachwerkgebäudes stürzt aber die Theorie vom einsamen Einsiedler auf dem Bromberg in sich zusammen. Wissenschaftler gehen deshalb inzwischen davon aus, dass in der erst später als Einsiedelei bezeich-

neten Ansiedlung auf dem Bromberg wahrscheinlich mehrere Menschen gelebt haben, vielleicht sogar eine ganze Sippe. Dafür spricht auch, dass dort nicht ein einzelnes Haus errichtet worden war, sondern – wie an den Grundmauern noch heute sichtbar – mindestens zwei Gebäude standen.

Die dort lebenden Menschen haben wahrscheinlich nicht nur Pilze und Beeren gesammelt. Denn bei genauer Betrachtung lässt sich gut erkennen, dass der Bergrücken einst terrassenförmig angelegt worden war. Sehr wahrscheinlich wurden dort mehrere Gärten angelegt, in denen Obst und Gemüse zur Selbstversorgung angepflanzt wurden. Möglicherweise wurden auch Schweine gehalten. Für die geistige Erbauung war auch gesorgt. Darauf verweist noch heute eine Altarplatte, die in dem kleineren der beiden Gebäude liegt. Und schließlich gab es auch genug frisches Wasser für Menschen und Tiere. Noch heute sprudelt unterhalb der Fundamentmauern eine kleine Quelle, der sogenannte Kapellenbrunnen.

Barbara Scholkmann schätzt, dass diese Menschen dort im 15. Jahrhundert gelebt haben. »Dafür sprechen die Fundmaterialien«, sagt die Archäologin. Damit aber ergibt sich eine weitere wichtige Verbindungslinie zu ihrem Forschungsfeld. Denn die Glashütte im Kleinen Goldersbachtal, Luftlinie nur wenige hundert Meter

von der Einsiedlei entfernt, wurde ebenfalls im 15. Jahrhundert betrieben. Somit dürften beide Einrichtungen zumindest teilweise zur gleichen Zeit existiert haben. Damit dürfte aber das über viele Jahrzehnte kultivierte Bild eines die Einsamkeit und Waldabgeschiedenheit suchenden Einsiedlers nicht mehr stimmen. »Die Glashütte«, so Barbara Scholkmann, »war ein Großbetrieb, in dem während der Sommermonate sicherlich 30 bis 50 Menschen arbeiteten.« Mit der Ruhe eines frömmelnden Bruders wäre es also vorbei gewesen. Wahrscheinlich darf damit auch die schöne Mär ins Reich der Fantasie verwiesen werden, wonach ein Klausner jede Nacht die Glocke der Kapelle läutete, um anschließend bei der nahe gelegenen Teufelsbrücke den Teufel zu beschwören.

Der Kapellenbrunnen bei der sogenannten Einsiedelei

GEOLOGISCHER AUFBAU:

ALS DAS MEER DAS LAND MODELLIERTE

Genau 581 Meter hoch liegt der Bromberg im Norden des Schönbuchs, der Steingart im Süden ragt 566 Meter über den Meeresspiegel hinaus. Dazwischen hat sich – 250 Meter tiefer – der Goldersbach eingegraben. Das Waldgebiet wird von zahlreichen Längs- und Querfurchen durchzogen, einzelne, steile Bergstöcke wechseln mit zum Teil breiten Tallandschaften ab.

Von Süden her erhebt sich der Schönbuchtrauf wie ein erhabenes Gebirge über das Ammertal, während von Norden aus die fruchtbaren Ackerfluren des Gäus auf fast gleicher Höhe in den Schönbuch übergehen. Das Gelände folgt auf den ersten Blick keinen klaren Gesetzmäßigkeiten. Das kleine Gebirge ist zerklüftet, hat Spalten und Taleinschnitte in alle Himmelsrichtungen, entsprechend neigen sich die Hänge nach Ost, Süd, West oder Nord. Die Oberflächenstruktur des Schönbuchs hat vornehmlich geologische, aber auch tektonische Ursachen.

Als Teil des sogenannten südwestdeutschen Schichtstufenlandes entstand der Schönbuch in mehreren Stufen vor 250 bis 200 Millionen Jahren. Während des Erdmittelalters wurde der deutsche Südwesten in verschiedenen Gesteinsschichten, wie Keuper, Schilfsandstein, Bunte Mergel, Stubensandstein, Knollenmergel, Rhätsandstein oder Schwarzer Jura (Lias) aufgebaut. Danach wurde das Land vom Jurameer komplett überspült und in Teilen neu modelliert: Das Meer schuf neue Oberflächen.

Lockere Schichtenstufen beim Olgahain

Wie ein offenes Buch legt der Steinbruch bei Entringen die Gesteinsschichten offen.

Abhängig von den Gesteinsarten blieben nach dem Rückzug des Jurameers manche Bergstöcke erhalten, weichere Gesteine wurden im Laufe vieler Millionen Jahre weiter abgetragen. Die härteren Kalke und Sandsteine trotzten den Unbilden der Natur, während die weicheren Gesteine wie Gipskeuper, Bunte Mergel und Knollenmergel von Wind und Wetter leichter weggespült wurden.

Eine massive Umformung des Landschaftsbildes erfolgte schließlich mit dem total veränderten Klima im Quartär. Das zuvor vorherrschende warme Klima wurde abgelöst durch mehrere Kälteperioden. Die Eismassen gruben tiefe Schluchten aus und lagerten Moränen-Sedimente ab. So entstanden nach den Erkenntnissen der Geologen die zahlreichen Täler in Südwestdeutschland.

Im Schönbuch kommt hinzu, dass die dortigen Gesteine unterschiedlich dicht sind. Mithin lassen manche das Oberflächenwasser durchsickern oder stauen es, sodass das Wasser oberhalb der wasserundurchlässigen Gesteinsschichten als Quelle austreten kann – die zahlreichen kleineren Bäche haben darin ihre Ursache. Das austretende Oberflächenwasser begünstigt wiederum bis zum heutigen Tag die Abtragung des weicheren Gesteins. Auch geologisch betrachtet ist der Schönbuch mithin in Bewegung.

Es gibt eine weitere Besonderheit, die – zumindest in einem kleineren Teil – die Oberflächenstruktur beeinflusst hat. So kreuzen mehrere tektonische Linien den Schönbuch, die bei Bebenhausen aufeinanderstoßen. Im Laufe der Erdgeschichte haben die kontinentalen Verschiebungen auch im Gebiet des Schönbuchs ihre Spuren hinterlassen. Entlang des Bettelbachs – unweit von Bebenhausen – entstand vor 20 Millionen Jahren infolge dieser kontinentalen Verschiebungen eine Störungszone – die sogenannte Bettelbachverwerfung. Die Erdkruste ist dort eingebrochen. Lias α und Knollenmergel sind dort rund

Im Schönbuch wurde früher in zahlreichen Steinbrüchen Stubensandstein abgebaut. Der Stein eignet sich besonders gut zur Herstellung von Mühlsteinen.

Am Bettelbach erläutert eine Schautafel, wie an dieser Stelle Lias α und Knollenmergel rund 100 Meter abgesunken sind.

100 Meter abgesunken. Sie liegen jetzt auf der Höhe von Stubensandstein oder Bunten Mergeln. Sehr wahrscheinlich ist, dass mit der Verschiebung der Erdkruste massive Erdbeben einhergingen. Der Abbau von gewaltigen Spannungen führte immer wieder zu kräftigen Erschütterungen, den sogenannten tektonischen Störungen. Hier waren Kräfte wirksam, die weit in die Tiefe reichten und mehrere Millionen Jahre andauerten. Geologen sehen diese »tektonische Schwächezone« als Teilabschnitt des »Schwäbischen Lineaments«, das von Freudenstadt bis zum Nördlinger Ries reicht.

Der sogenannte Bebenhäuser Graben, ein Abschnitt dieser tektonischen Schwächezone im Schönbuch, läuft vom Bettelweg südlich an Bebenhausen vorbei und führt im Bereich des Schönbuchs ein Stück des Seebachs entlang, von dort über die Wolfsgrube zur Mauterswiese, um schließlich den Schönbuch in nordöstlicher Richtung zu verlassen. Ein Lehrpfad im Kirnbachtal sowie ein Lehrpfad am Bettelweg informieren über den geologischen Aufbau der Keuperlandschaft und die tektonische Störungszone.

ORIENTIERUNG IM GELÄNDE:

HILFE, WO BIN ICH?

Von der Besucherkanzel auf dem Dickenberg bis zur Tellerbrücke im Goldersbachtal sind es rund 100 Meter Höhenunterschied. Der Klinge entlang müsste der Weg durch das steil abschüssige Gelände in einer halben Stunde zu machen sein. Also entscheide ich mich für die Abkürzung quer durch den Wald. Die Zeit drängt, denn vor Einbruch der Dunkelheit will ich aus dem unzugänglichen Waldgebiet draußen sein, um dann gemütlich dem Goldersbach entlang nach Bebenhausen zu schlendern.

Mit schnellem Schritt geht es also auf einem schmalen Waldweg talwärts. Ich folge den Spuren im Schnee, blicke hinüber auf den Bergrücken der Tübinger Kohlplatte, halte kurz inne, um Futter suchendes Kahlwild zu beobachten und komme unversehens immer tiefer in den dunklen Forst hinein. Plötzlich endet der Weg – genau so, wie es die von mir ignorierte Wanderkarte ausweist. Mühsam suche ich eine Fortsetzung, bahne mir den Weg durchs Unterholz. Zunächst bleibt mir nichts anderes übrig, als mich eine steile Kante hinunter zu zwängen. Rechterhand fließt ein kleines Bergbächlein. Ihm folgend, müsste ich irgendwann auf den Goldersbach stoßen. Theoretisch. Praktisch sieht die Sache ganz anders aus. Am Boden liegende Baumstämme versperren den Weg; immer wieder machen steile Flanken oder glatter Boden größere Umwege erforderlich. Von einem schnellen Vorwärtskommen kann keine Rede sein.

Mir kommt es so vor, als ob ich mich immer weiter von meinem Ziel entferne. Längst ist die Sonne am Horizont verschwunden und je tiefer ich in die Klinge hineinsteige, umso dichter stehen mir die Fichten im Weg. Je unzugänglicher das Gelände wird, umso dunkler wird es auch. Wer sich je im Schönbuch verlaufen hat, weiß, dass nun Gefahr droht. Und weil ich keine Stirnlampe dabei habe, entschließe ich mich schweren Herzens zur Umkehr, um auf wohlbekannten Wegen durch das Arenbachtal den Heimweg anzutreten.

»Wo bin ich, und wie finde ich zum Ziel oder an den Ausgangspunkt zurück?« Viele Wanderer stellen sich diese Fragen, oft mehrfach auf einer einzigen Wanderroute. Wer einfach draufloslläuft, kann im Schönbuch selbst dann desorientiert werden, wenn er sich an die Wege hält. Das hat einen einfachen Grund: der Schönbuch ist ein tief zerklüftetes Bergland und weil die Waldwege an das Gelände angepasst werden mussten, führen die Wege selten in eine Himmelsrichtung. Auf einen Kompass allein sollte man sich im Schönbuch nicht verlassen. Weil die geologisch bedingten Einschnitte kreuz und quer verlaufen, kann eine Wanderung in eine Himmelsrichtung eine zeitraubende Berg- und Talwanderung werden.

Immer wieder trifft man im Schönbuch auf Wanderer, die sich hoffnungslos verlaufen haben. Große Umwege zu machen, oder gar an einer Autostraße entlang den Rückweg anzutreten, kann den Spaß an einer Wanderung und die Begeisterung für den Schönbuch erheblich einschränken.

Mit modernen GPS-Geräten ist es fast unmöglich, sich im Wald zu verlaufen. Inzwischen werden diese Geräte auch für den professionellen Holztransport eingesetzt.

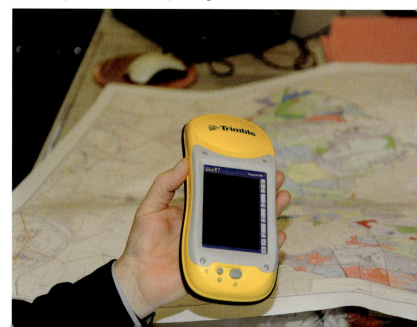

Im zerklüfteten Schönbuch weisen die Wege selten in eine Himmelsrichtung.

Wer im Schönbuch den richtigen Weg nicht von Versuch und Irrtum, von zurückliegenden Erinnerungen oder vagen Ortsangaben zufällig vorbeikommender Wanderer abhängig machen möchte, benötigt eine gute Wanderkarte.

Das Landesvermessungsamt Baden-Württemberg hat in Zusammenarbeit mit dem Landratsamt Tübingen eine offizielle Karte des Naturparks Schönbuch herausgegeben. Diese Karte bietet einen groben Überblick – mehr nicht. Im Maßstab 1:35000 ist diese Karte für den ambitionierten Schönbuch-Wanderer viel zu ungenau. Es kommt deshalb immer wieder vor, dass sich Wanderer auf ihrer persönlichen Entdeckungsreise mit dieser auf den Landkreis Tübingen zugeschnittenen Freizeitkarte nicht zurechtfinden.

Wesentlich besser geeignet sind für eine Tour durch den Schönbuch die topografischen Karten im Maßstab 1:25000. Bezogen auf den kompletten Schönbuch benötigt man allerdings vier Karten (Nr. 7319, 7320, 7419 und 7420), die das Landesvermessungsamt Baden-Württemberg herausgegeben hat.

Wer es noch genauer möchte, kann sich auch eine Karte beim Landesamt für Geoinformation und Landentwicklung im Maßstab 1:10000 besorgen. Diese Karte ist allerdings nicht ganz billig. Außerdem hat sie den Nachteil, dass die Abbildung des Schönbuchs mehrere Quadratmeter groß ist und deshalb für den praktischen Gebrauch im Gelände in der Regel zu unhandlich sein dürfte. Es bietet sich eine praktikable »Zwischenlösung« an: Man kann die Karten im Maßstab 1:25000 fotokopieren und etwas vergrößern. Wichtige Informationsquellen finden Sie auch auf www.denksteine-schoenbuch.de, www.maps.google.de oder auf der Seite www.openstreetmap.org.

Wer diese Handhabe im digitalen Zeitalter für hoffnungslos veraltet hält, kann sich natürlich auch mit einem Naviga-
tionssystem auf eine Wandertour machen. Inzwischen gibt
es zahlreiche GPS-Geräte in unterschiedlichen Versionen.
Mit diesen Geräten ist es fast unmöglich, sich im Wald zu
verlaufen.

Wie das Beispiel »Geocaching« zeigt, haben die modernen
Schnitzeljäger mit dem neuen Ortungsverfahren bislang un-
bekannte Abenteuer im Freien entdeckt, die weit über eine
herkömmliche Wanderung hinausgehen können. Für diese
Schatzsucher sind die GPS-Geräte inzwischen unerlässliche
Tourenbegleiter. Mit hinterlegtem Kartenmaterial zeigen diese Geräte stets die exakte Positionsangabe an. Umgekehrt
lassen sich auch festgelegte GPS-Koordinaten finden. Manche dieser Hightech-Geräte sind sogar mit einem barome-
trischen Höhenmesser versehen, mit dem man nachträglich
die zurückgelegten Höhenmeter ablesen und somit ein Hö-
henprofil einer Route erstellen kann. Nach oben scheint es
weder im Preissegment noch in den Funktionen Grenzen zu
geben. Manche Hersteller bieten nicht nur die Übertragung
von Gerät zu Gerät an, sondern auch integrierte Digital-
Kameras, die dann automatisch mit den Koordinaten eines
Aufnahmestandortes versehen werden können.

Naturschützer schlagen indessen bereits Alarm. Nicht
ohne Grund: Im Schönbuch kann man auf »Naturfreunde«
treffen, die mit GPS-Geräten den Brut-Standort von Vögeln
festgelegt haben, um sie danach regelmäßig wieder aufzusuchen.

Steil abschüssiges Gelände
bei der Tellerklinge (oben)

Mit normalen Karten ist die
Orientierung im freien Gelände bei Nacht
nicht immer einfach (rechts).

ELDORADO FÜR WANDERER UND SPORTLER:

SPORT, SPIEL UND SPASS
IM SCHÖNBUCH

Der Schönbuch ist nicht nur ein Refugium für zahlreiche Tiere, er ist auch ein Eldorado für sportbegeisterte Menschen. Natürlich kommen in dem Waldgebiet mit seiner vielfältigen und faszinierenden Landschaft die Wanderer, Spaziergänger und Tierbeobachter besonders auf ihre Kosten, weil sie hier Ruhe und Ausgleich finden. Doch inzwischen entdecken immer mehr Sportler den Schönbuch für sich. Jogger finden hier diverse und unterschiedlich anspruchsvolle Strecken.

Wie geschaffen ist der Schönbuch auch für Nordic Walking. Radfahrer und ambitionierte Biker sind ganzjährig in der abwechslungsreichen Waldlandschaft unterwegs; unterschiedlich steile Anstiegs- und Abfahrtsprofile bieten für Anfänger und Könner viele passende Herausforderungen. Im Winter sieht man Langläufer ihre Bahnen durch den verschneiten Winterwald ziehen. Speziell ausgewiesene Reitwege ziehen die Freunde des Pferdesports an. Die Naturparkverwaltung weist zahlreiche Lauf- und Nordic-Walking-Strecken aus.

Am nördlichen Schönbuchrand werden Anhänger des Golfsports fündig. Der Golfclub Schönbuch bietet seinen Mitgliedern beim ehemaligen Schaichhof mit einem 18-Loch-Clubplatz eine hervorragende Anlage; Gäste können dort auf einer der größten Übungsanlagen Süddeutschlands auf einem 9-Loch-Platz üben.

Richtige Publikumsmagnete sind der Kirnberglauf im Frühjahr, der Pliezhäuser Volkslauf und der Naturparklauf des TSV Hildrizhausen im Herbst sowie der Nikolauslauf im beginnenden Winter, der regelmäßig mehrere tausend Läufer anzieht. Inzwischen gibt es auf dem Alten Rain in Herrenberg sogar einen Waldseilgarten, der sich großer Beliebtheit erfreut und ein weiteres Beispiel dafür ist, dass der Schönbuch nicht nur als Waldwirtschaftsbetrieb gesehen wird, sondern Alt und Jung als Erholungs- und Freizeitraum dienen soll. Und natürlich sind auch die ganz kleinen Abenteurer im Schönbuch willkommen – wie es die zahlreichen Waldspielplätze zeigen. Wie beliebt der Schönbuch ist, zeigt eine Zahl: Jahr für Jahr wird er von rund vier Millionen Menschen aufgesucht.

Joggen, Wandern, Radfahren, Baden und Reiten sind im und um den Schönbuch herum beliebte Sportarten.

VON DER »FREIHEIT IM WALD« ZUR NACHHALTIGEN FORSTWIRTSCHAFT

»EINZELNE EICHBÄUME AUF DER TRIFT«

Der Schönbuch ist ein Waldgebiet. Was sich aus heutiger Sicht wie selbstverständlich anhört, war längst nicht immer so. Mit der zunehmenden Bevölkerung im Mittelalter griffen die Menschen in vielfältiger, massiver und oft unkontrollierter Weise in den Wald ein und beeinflussten damit nicht zuletzt sein äußeres Erscheinungsbild. Als Goethe im Jahr 1797 den Schönbuch auf seiner Reise in die Schweiz durchquerte, sah er keinen richtigen Wald mehr, sondern nur noch »einzelne Eichbäume auf der Trift«. Ein paar Jahre später, im Jahr 1803, klagte Oberforstmeister von Moltke: »Der Schönbuch besitzt mehr kahle Weiden als Waldungen. Bisher waren auf den Viehweiden noch ziemlich Eichen und Buchen gestanden, die vor allem des Äckerichs wegen geschont wurden. Jetzt ist es anders …«

Im Laufe der Jahrhunderte hatte die Mehrfachnutzung von Holzeinschlag und Jagd dem Schönbuch erheblich zugesetzt. Mit dem immer größer werdenden Vieheintrieb in den Wald kam nun eine weitere Nutzung hinzu, die einem natürlichen Nachwachsen der Pflanzen kaum noch eine Chance ließ. Der Schönbuch bildete dabei keine Ausnahme zu vielen anderen Wäldern in Deutschland. Wald galt als Ersatzland. Das bringt auch der bekannte Forstmeister Adam Schwappach zum Ausdruck, wenn er schreibt: »Im 18. Jahrhundert wurde die Neuanlage von Wald auf solche Flächen angeordnet, welche keiner anderen Benutzungsweise fähig waren.« Wald war Müllhalde. Wald hatte keinen ideellen Wert. Wald wurde auch nicht als Wasserspeicher oder im Zusammenhang mit Boden- oder Klimaschutz gesehen. Abgesehen von bebauten Flächen hatten im Bewusstsein der Menschen im Mittelalter gerodete und landwirtschaftlich genutzte Flächen absoluten Vorrang. Ohnehin hatte die Dreifelderwirtschaft einen enormen Flächenbedarf zur Folge, weil dadurch stets ein Teil der landwirtschaftlichen Nutzung entzogen war.

Der Wald war hingegen dazu da, ausgebeutet zu werden. Die Menschen der um den Wald herum gruppierten Gemeinden nutzten den Wald so intensiv, dass die herzogliche Verwaltung Forstordnungen erließ. Damit wurde die Nutzung des Waldes in Regeln gefasst. Die Ausbeutung des Waldes sollte dadurch erheblich eingeschränkt werden. Die älteste bekannte Schönbuchordnung datiert vom 16. August 1553. Wahrscheinlich gibt es aber frühere, rechtlich verbindliche Schönbuch-Gesetze. So geht Friedrich August Tscherning davon aus, dass bereits 1514 eine erste allgemeine Forstordnung existiert hat.

Diese Ordnungen unterschieden die Bäume nach ihrem Wert, den sie für Menschen hatten. Früchte tragende Bäu-

Pracht vergangener Zeit: Eiche im Naturschutzgebiet Eisenbachhain

me – wie Eichen, Buchen und Kastanien lieferten das qualitativ bessere Holz; Wildobstbäume hatten für die unter Nahrungsknappheit leidende Bevölkerung seit jeher einen besonderen Wert. Diese sogenannten »bärenden Bäume« standen deshalb unter besonderem Schutz. Ihre Nutzung wurde grundsätzlich nur den »Edelleuten« zugestanden. Die Nutzung aller anderen Bäume, wie Birken, Erlen, Hainbuchen oder Sträucher, war dagegen für die Bevölkerung frei. Die Schönbuchordnung fasst diese Gruppe unter dem Begriff »rechter Hau« zusammen. Wie Tscherning darstellt, waren die Bürger bei der Nutzung grundsätzlich »auf die Holzarten des »rechten Haus« angewiesen. Zum Nutzen der Berechtigten gab es jedoch Ausnahmen. Buchen, Eichen und andere Früchte tragende Bäume durften im »rechten Hau« nur dann von jedermann geschlagen werden, wenn sie »von der Wurzel an bis oben hinaus von ihnen selbsten oder vom Wind dürr geworden« waren. Diese Klausel wurde dem Wald zum Verhängnis, weil die Vorschrift so interpretationsfähig war, dass sich nur noch wenige Nutzer daran hielten. Es lässt sich nämlich leicht vorstellen, dass eine Buche im Wald geschlagen und dort so lange liegen gelassen wurde, bis sie dürr geworden war und dann im Einklang mit dem Schönbuchrecht nach Hause transportiert werden konnte.

Vom Blitz getroffene Eiche im Schonwald »Neuweiler Viehweide«.

5 Städte, 54 Gemeinden, etliche Schlösser, Höfe und Mühlen waren vom 16. Jahrhundert an als sogenannte »Schönbuch-Genossen« berechtigt, diese zweitklassigen Hölzer zu nutzen. Und davon machten sie reichlich Gebrauch, denn schließlich hatten sie dafür eine Grundgebühr, nämlich die Schönbuch-Miete zu bezahlen. Der Wald wurde durch diese Nutzung erheblich ausgezehrt. Zwar gab es Grenzsteine, die die Rechtsgrenzen markierten, doch richtig vermessen wurde der Schönbuch erst im Jahr 1794. Noch heute heißt ein Weg beim Breiten Stein »Streitweg«, weil

entweder die Grenzen oder das Verhalten der handelnden Personen zu Streitigkeiten Anlass gab. Insbesondere aber war die Zahl der »vorst- und waldknechte« viel zu gering, als dass die im Wald sich bestens auskennenden Bauern und Handwerker außerhalb der wenigen Forstwege hätte vollständig überwacht werden können. Und schließlich gibt es auch Berichte darüber, dass Forstpersonal durchaus mit den Bauern zu kooperieren wusste – zu beiderseitigem Vorteil versteht sich, aber zum Nachteil des Waldes.

Wer will es den Bauern verdenken, wenn sie mit der Rückkehr der Rösser aus dem Wald das eine oder andere »hagebüechen Holtz« nach Hause brachten? Wer erwischt wurde, musste eine Strafe, den sogenannten Schönbuchfrevel bezahlen. Im Laufe der Zeit wurde die Strafe nach den oft jahrzehntelang unveränderten Rechtsordnungen jedoch dadurch geringer, dass das Geld entwertet wurde. Die Strafe verlor so im Laufe der Zeit ihre abschreckende Wirkung.

Die Schönbuch-Genossen, als die all jene bezeichnet wurden, die den Schönbuch »genießen« durften, setzten so ihre Interessen immer mehr durch. Zwar waren die Schönbuch-Genossen keine Rechtsgemeinschaft, doch dürften sie meist die gleichen Interessen gehabt haben. Sie verstanden es, ihre gleich gelagerten Rechte – wenn es sein musste – gemeinsam gegen die in »landesfürstlicher Vollmacht« eingesetzten Waldvögte durchzusetzen – zum Nachteil des Waldes. Völlig außer Acht gelassen wurde bei der Schönbuchordnung, dass der hohe Wildbestand ebenfalls zu einer massiven Schädigung des Waldes führte. Der Verbiss durch Hirsche, Rehe und Wildschweine hatte nämlich ebenfalls zur Folge, dass sich der Wald auf Dauer nicht mehr regenerieren konnte. An einer Reduzierung des Wildbestandes hatten aber die württembergischen Herzöge kein Interesse, weil sie den Schönbuch als ihr Eigentum und deshalb als ihr natürliches Jagdrevier betrachteten.

Die Bauern ärgerten sich über die immer stärker reglementierten mittelalterlichen Ordnungen sehr. Denn sie wurden im Laufe der Zeit immer enger gefasst und

Dicke Eiche im Dachsbühl

105

Gabeleiche beim Eselstritt

bestimmten letztlich sogar, wo es den Waldbesuchern erlaubt war, Beeren, Wildobst, Haselnüsse oder Pilze zu suchen. Umgekehrt aber hatten die Bauern zu erdulden, dass die Wildtiere, namentlich die zahllosen Rotten von Wildschweinen und die Herden von Hirschen auf den Äckern der Bauern erheblichen Flurschaden anrichteten.

Von planmäßiger Forstwirtschaft, gar von Nachhaltigkeit konnte unter diesen Bedingungen nicht die Rede sein. Schiere Not zwang die Bauern aber zu starker Waldnutzung. Der Wald wurde gleichzeitig zum Holzeinschlag, zur Waldweide und zur Entnahme des nährstoffreichen Waldbodens genutzt. Hinzu kam, dass die württembergischen Herzöge in Unkenntnis über die ökologischen Zusammenhänge über Jahrhunderte hinweg viel zu große Herden von Rotwild sowie riesige Rotten von Schwarzwild gehalten haben. Dem Wald wurde dadurch erheblicher Schaden zugefügt. Kein Wunder also, dass der Schönbuch um die Wende vom 18. zum 19. Jahrhundert ein jämmerliches Bild abgegeben hat. Bald darauf wurde nicht nur in Württemberg, sondern in vielen anderen Ländern planmäßige Forstwirtschaft betrieben.

Beeinflusst wurde die Forstwissenschaft von dem deutschen Forstwissenschaftler Heinrich Cotta (1763 bis 1844). Er hielt den Wald für eine »zur Erzielung von Holz bestimmte, wenigstens dem größeren Teile nach mit Holz bestandene Fläche«. Von der »Holzzucht« schlug er die Brücke zum geregelten »Waldbau« und wurde damit zum Begründer der modernen, nachhaltigen Forstwirtschaft und Forstwissenschaft.

Wie schwierig es war, den neuen Forschungszweig Forstökonomie in Württemberg zu etablieren, zeigt das Beispiel des »Forstlichen Klassikers« Johann Christian Hundeshagen an der Universität Tübingen. Etliche Professorenkollegen wollten diese als »Jägerei« bezeichnete »Pseudowissenschaft« nicht neben den etablierten klassischen Disziplinen, wie Schöne Künste, Medizin, Recht und Theologie akzeptieren. Hundeshagen wurde ein Opfer der weitverbreiteten akademischen Arroganz an den Universitäten und kehrte Tübingen im Jahr 1821 enttäuscht den Rücken.

Als Wilhelm von Widenmann auf den Lehrstuhl von Hundeshagen folgte, da hatte jener noch nicht einmal die forstliche Staatsprüfung bestanden. Gerade 23 Jahre alt geworden, hatte er nicht viel mehr vorzuweisen, als bei Hundeshagen einige Vorlesungen besucht und als Praktikant beim Forstamt Bebenhausen ein paar praktische Erfahrungen mit dem Forst gesammelt zu haben. Seine erste Vorlesung im Wintersemester 1822/23 mit dem Titel »Encyclopädie der Forstwissenschaft« war exakt der Titel eines Buches von Hundeshagen, das dieser in zwei Bänden 1821 und 1822 herausgegeben hatte. Erst mit der Einführung der Forstwissenschaft, die nun ein Teil der Staatswirtschaftlichen Fakultät geworden war, veränderte sich die Einstellung zum Wald grundlegend. Nachhaltigkeit wurde

Große Eiche bei der Kälberstelle

zum Zauberwort der Forstwirtschaft. Die Bauern aber wurden aus dem Wald vertrieben, die Waldgerechtigkeiten abgeschafft, Waldfrevel jeder Art hart bestraft. Plötzlich waren die Gerichte mit Forstdelikten überlastet, die Gefängnisse überfüllt. Der Förster wurde als Symbol der Staatsgewalt zum Feindbild der Bevölkerung.

Das Adelsprivileg der Jagd gehörte aber, wie Friedrich A. Köhler in seinem Buch »Eine Albreise im Jahre 1790« darstellt, durch alle Jahrhunderte »zu den meistgehassten Feudalinstituten«. Kein Wunder, dass die »Freiheit im Wald« zu einer zentralen Forderung der Revolution von 1848/49 wurde.

AUF DEN SPUREN DES GROSSEN FORSTMEISTERS FRIEDRICH AUGUST TSCHERNING:

DIE HÜTTE STEHT IM WALD UND SCHWEIGT

Im Wald hat schon mancher brave Mann revolutionäre Ideen gesponnen. Warum auch nicht! Schließlich gibt es dafür berühmte Vorbilder. Einer von ihnen ist Friedrich August Tscherning (1819 – 1900), der fast 50 Jahre lang, von 1845 bis 1892 zunächst Revierleiter, dann Forstmeister in Bebenhausen war. Auch er setzte sich gegen die obrigkeitsstaatlichen Demütigungen und entwürdigenden Disziplinierungen in der Zeit der Restauration zur Wehr, trat für Bürger-

und Freiheitsrechte ein und legte das schwarz-rot-goldene Band an die Brust, zum Zeichen seiner Gesinnung für die ersehnte nationale Einheit. Die Tübinger Universität, an der Tscherning ein- und ausging, war ein Hort der Rebellion.

Tscherning hatte dort etliche Vertraute, die mit ihm zumindest im Geist gegen die reaktionären Tendenzen der Zeit verbunden waren. Darunter waren Robert von Mohl, Friedrich Theodor Vischer und Friedrich August Quenstedt. Allesamt waren sie Meister ihres Fachs, allesamt Querdenker, allesamt einer neuen politischen Zukunft zugetan. Unter all diesen unbeirrten und durchsetzungsstarken Größen der Zeit war Tscherning der Unscheinbarste – wenn auch nicht von der körperlichen Gestalt, so doch von Bekanntheit und Reputation. Der Forstmeister Friedrich August Tscherning war nicht nur der Jüngste in diesem Zirkel; unter den Professoren war er ein Außenseiter.

Es ist leicht auszumachen, dass ihn von seinen Freunden ein Statusgefälle getrennt hat: Dort etwa Robert von Mohl, der einer angesehenen und wohlhabenden württembergischen Familie entstammte; hier Tscherning, der zahlreiche Kinder hatte und Armut wohl aus eigener Anschauung kannte. Dort Friedrich August Quenstedt, der als angesehener Bürger in Tübingen forschte und lebte und der bahnbrechende Erkenntnisse auf dem Gebiet der Geologie zutage förderte; hier Tscherning, der im weltabgeschiedenen Bebenhausen lebte, wo noch der Geist der Zisterzienser lebendig war. Dort, um ein weiteres Beispiel zu nennen, Friedrich Theodor Vischer, der dem Universitätskanzler und den Königstreuen die Stirn bot und sie mit seiner rhetorischen Begabung in Grund und Boden redete; hier Tscherning, der im Gegensatz dazu gerne im Stillen wirkte, weder die öffentliche Bühne noch den großen Schlagabtausch suchte.

Ganz versteckt im Wald: die Tscherning-Hütte

Doch wie seine Vorbilder forschte der »procurator silvae«, der Beschützer des Waldes, mit Leidenschaft. Um seinen Dienst nicht zu vernachlässigen, so wird berichtet, ging er früh zu Bett, stand für die Arbeit an seinen zahlreichen Veröffentlichungen mitten in der Nacht auf, und war anderntags pünktlich wie kein anderer beim Dienst. Nicht zuletzt wegen dieses unermüdlichen Einsatzes erhielt Tscherning an der Land- und Forstwirtschaftlichen Akademie in Hohenheim einen Lehrauftrag und wurde dort 1852 als erster Lehrer der Forstwissenschaft Professor.

Im Gegensatz zu seinen Freunden war Tscherning aber nicht auf ein Spezialgebiet festgelegt. Er war auf vielen Feldern bewandert: der Kunst und Natur ebenso zugetan, wie der Geschichte und Politik. Er war gegenüber den »kleinen Leuten« aufgeschlossen und wusste mit den Geistesgrößen der Zeit zu parlieren. Dass ausgerechnet er den Judenfriedhof im Schönbuch entdeckte, könnte nicht nur damit zusammenhängen, dass er sich im Schönbuch auskannte wie niemand sonst, sondern auch damit, dass er sich für die Geschichte des Schönbuchs interessierte, vielleicht sogar jüdische Freunde hatte, die ihn mit hinweisenden Informationen versorgten. Tscherning interessierte sich für alles. Vieles davon kritzelte er mit seiner kleinen, kaum lesbaren Schrift in seine Notizbüchlein und Förstertagebücher.

Tscherning war aber nicht nur ein akribisch genauer Mann, er war auch ein Menschenfreund. So war es für ihn wohl selbstverständlich, dass er in den Revolutionswirren einen von der Obrigkeit gesuchten oder von der aufgebrachten Öffentlichkeit bedrängten Freund unter der Professorenschar in einer von ihm erbauten

Der Tscherning-Stein bei der Kälberstelle

Friedrich August Tscherning war ein Beschützer des Schönbuchs.
Er wurde deshalb mit dem Ehrentitel eines »Patri Scainbuochensi« geehrt.

Waldhütte versteckte. Möglicherweise handelte es sich dabei um Friedrich Theodor Vischer oder um Johannes Fallati. Von Bebenhausen aus wird er den Gesuchten mit Nahrungsmitteln versorgt haben, vielleicht bis zu dessen vorübergehender Flucht.

Doch es ist anzunehmen, dass in der 1847 erbauten Steinhütte nicht nur der Untergetauchte Zuflucht fand. Wahrscheinlich haben sich dort auch andere Revolutionäre getroffen, um sich eine Zukunft ohne Unterdrückung auszumalen. In der Waldabgeschiedenheit mussten sie keine Bespitzelung befürchten, hier konnten sie hochfliegende Gedanken entwerfen und auf ihre Realisierbarkeit überprüfen.

Das Haus im Wald bot aber auch Tscherning selbst Schutz und Zuflucht. Denn mit seinem strengen Eingreifen gegen Waldfrevel jeder Art machte sich der Forstmann nicht nur Freunde in der Bevölkerung, die es bis zu Beginn des 19. Jahrhunderts gewohnt war, den Wald unter Missachtung bestehender Forstordnungen nach Herzenslust auszubeu-

Georg Stieler, Ururenkel des großen Forstmannes Friedrich August Tscherning

ten. Und seitdem ein paar Jahre zuvor Forstlehrling Wilhelm Pfeiffer im Wald erschlagen wurde, weil er wahrscheinlich Holzdieben auf der Spur war, wurde man bei den Forstverantwortlichen vorsichtig. Wie es eine Forstchronik ausweist, kam es immer wieder vor, dass manche Wilderer nach ihrer Entdeckung gnadenlos von der Schusswaffe Gebrauch machten, sodass, um ein Beispiel aus Weil im Schönbuch zu nennen, »allhiesiger Forstknecht Johann Heinrich Müller seinen Geist hat aufgeben müssen«.

162 Jahre nach der 1848er-Revolution sitze ich in diesem schmucken Steinhaus, das wie ein Kleinod im Schönbuch verborgen ist. Es liegt idyllisch am Rand einer großen Waldwiese und wird flankiert von hohen Fichten. Neben mir sitzt Tschernings Ururenkel Georg Stieler, ein älterer Herr, freundlich, belesen und blitzgescheit: Genauso stelle ich mir seinen Urahn Friedrich August Tscherning vor. Mit Georg Stieler gehen die Gedanken zurück zu jener dramatischen Revolutionszeit und insbesondere zu der großartigen Arbeit, die sein Vorfahre im und für den Schönbuch geleistet hat und für die er an der Tübinger Universität nicht nur zweimal ehrenhalber die Doktorwürde erhielt, sondern auch vom König geadelt wurde. Posthum wurde er mit dem für ihn höchsten Ehrentitel eines »Pa-

tri Scainbuochensi« bedacht, eines Vaters und Beschützers des Schönbuchs. Ob Tscherning durch sein Treueverhältnis zu König Wilhelm I. (1816 – 1864) davon abgehalten worden war, sich in revolutionäre Gedanken zu vertiefen, lässt sich nicht mehr mit Sicherheit sagen. Doch so viel steht fest: Nach dem Tod Wilhelms am 25. Juni 1864 nutzte Tscherning das Vertrauensverhältnis zu dessen Nachfolger König Karl I., dem dritten König von Württemberg (1864 – 1891), für die konsequente Umsetzung seiner Ideen.

In der Steinhütte seines Urahns erzählt Georg Stieler eine kleine Geschichte, wie sie in der Familie des Forstmeisters Tscherning von Generation zu Generation weitergetragen worden ist. Danach wollte König Karl I. an der Kälberstelle eine Sommerresidenz bauen. Tscherning lenkte das Interesse des Königs dafür jedoch auf das im Zerfall begriffene Zisterzienserkloster in Bebenhausen, dessen Aufbau ihm besonders am Herzen lag. Um den König von dessen Plan abzubringen, bediente sich Naturkenner Tscherning eines kleinen, aber nicht unwahrscheinlich klingenden Vorwands. Die Kälberstelle, so Tschernings Einfall, liege viel höher, als das im Tal versteckte Bebenhausen. Auf der Höhe seien häufige und starke Sommergewitter zu erwarten, die

Sicherheit des Königs sei deshalb gerade während des Sommers kaum zu gewährleisten. Dem König leuchtete das Argument ein. So wurde Tscherning beauftragt, die Renovierung des Klosters zu veranlassen.

Mit August Beyer, der für die Vollendung des Ulmer Münsters verantwortlich zeichnete, wurde ein neogotischer Baumeister beauftragt, der ab 1864 die Restaurierungsarbeiten am Kloster leitete. Mit der Renovierung des Klosters wurde Bebenhausen zur Perle des Schönbuchs – nicht nur Jagdschloss für den König, sondern Besuchermagnet bis zum heutigen Tag. Wie Tscherning wurde auch Beyer in den Adelsstand erhoben. Und wo so viel Glanz zusammenkam, mussten sich weitere Verbindungen fast zwangsläufig anbahnen: Beyer heiratete Tschernings Tochter Marie. Die Hütte aber steht wie anno dazumal ganz unscheinbar im Wald – und schweigt.

Tschernings Grab bei der Klosterkirche Bebenhausen

Unter maßgeblicher Hilfe von Friedrich August Tscherning wurde Bebenhausen zur Perle des Schönbuchs.

TSCHERNINGS ENTDECKUNG:

EIN JÜDISCHER FRIEDHOF
MITTEN IM SCHÖNBUCH

Eine melancholische Stille liegt an diesem trüben Novembertag über dem Schönbuch. Der Tag neigt sich dem Ende zu, kein Vogel zwitschert mehr, keine Menschenseele weit und breit. Nur unten im Tal einer kleinen Klinge des wild zerklüfteten Schönbuchs plätschert ein Bächlein kaum hörbar vor sich hin. Friedhofsruhe vor der hereinbrechenden Dunkelheit.

Mein Weg führt entlang des Steinbruchwegs zum Tscherning-Stein, der an jenen großen Forstmann erinnern soll, der zwischen 1845 und 1892 Forstmeister in Bebenhausen war: Friedrich August Tscherning. Auf seinen Spuren wandere ich diesmal durch den Schönbuch – genauso wie es Tscherning selbst einmal beschrieben hat: »Eine starke halbe Stunde südwestlich von Dettenhausen in dem auf der Markung Weil im Schönbuch gelegenen Staatswald oberer Gunzberg senkt sich ein mäßiger Hang von der Ebene des sogenannten Weißhäslich-Steinbruchs nordöstlich zu einem kleinen Bach hinab.« Mit diesen einfachen Worten leitet Tscherning einen kleinen Aufsatz ein, der 1894 in den Reutlinger Geschichtsblättern erschienen ist. Was folgt ist eine kleine Sensation. Denn genau auf diesem Hang hat Tscherning einen jüdischen Friedhof mitten im Schönbuch entdeckt. »Nur wenige Platten von weißem Sandstein, etwas behauen, aber ohne Inschrift«, erinnern daran. Zwei derselben finden sich nahe beisammen, der Dritte liegt etwa 100 Schritt entfernt, östlich von jenen«, schreibt er.

Der Fund lässt ihn nicht ruhen. Er geht der Sache auf den Grund und macht sich mit wissenschaftlicher Akribie an die Arbeit. Schließlich beauftragt er Oberförster Lausterer, einen seiner Vertrauten im Wald, mit der Ausgrabung und wird tatsächlich fündig. In einer Tiefe etwas über einem Meter entdecken die beiden »menschliche Schädel und sonstiges Gebein«. Jetzt gab ihm auch die Distrikt-Bezeichnung einen tieferen Sinn. Denn »seit unvordenklicher Zeit«, weiß Tscherning, führt dieser Hang den Namen »Judenkirchhof«. Die Entdeckung behalten die beiden zunächst für sich. Ihnen ist bewusst, dass der Fund viele unliebsame Fragen aufwerfen könnte. Denn Juden wurden, wie in vielen anderen Ländern, so auch in Altwürttemberg, verfolgt. Erst 1894, zwei Jahre nach seiner Pensionierung, veröffentlicht Tscherning den Beitrag, der so klein und unscheinbar daherkommt, dass er von der Fachwelt kaum beachtet worden ist.

Friedliche Stille im Schönbuch

In diesem Gebiet hat Friedrich August Tscherning behauene Sandsteinplatten entdeckt, die ihn auf die Spur zu einem jüdischen Friedhof geführt haben.

Lange vor den nationalsozialistischen Verfolgungen wurden Juden auch hierzulande ausgegrenzt. Seit dem Erlass von Graf Eberhard im Bart (1445 – 1496) durften sie sich hierzulande weder ansiedeln noch aufhalten. Trotz seiner Pilgerfahrt nach Jerusalem im Jahr 1468 galt Eberhard als Antisemit, der bei der Gründung der Universität Tübingen im Jahr 1477 die Ausweisung aller Juden aus der Stadt am Neckar verfügte: »Wir wöllent auch und gebieten ernstlichen denen von Tüwingen, dass sie kein Juden ... in der Stat ... laussen beliben (bleiben lassen).« Dabei blieb es auch, als Württemberg im Jahr 1495 vom damaligen Kaiser des Heiligen Römischen Reiches Deutscher Nation, Maximilian I., zum Herzogtum und der Graf in den Stand eines Herzogs erhoben wurde. Wer danach als Jude in Württemberg lebte, musste mit Vertreibung oder Gefangennahme, sogar mit seiner Tötung rechnen.

Als Lebensleistung darf sich Eberhard die Gründung der Tübinger Universität und des Peters-Stifts auf dem Einsiedel zuschreiben; ebenso hat er die Wiedervereinigung der beiden Landesteile Württemberg-Urach und Württemberg-Stuttgart bewirkt. An der Haltung zu den Juden wurden aber – wie es Walter Jens ausdrückte – »die Grenzen seiner Liberalität« offenkundig. Sein Dekret gab den Startschuss für neue Pogrome gegen Juden, denen bereits rund 150 Jahre zuvor die Schuld an der Pest (1348/49) zugeschrieben worden war. Nach jahrhundertelanger Stigmatisierung wurden die Juden hierzulande erst Mitte des 19. Jahrhunderts den Christen rechtlich gleichgestellt. In breiten Bevölkerungsschichten lebte der Antisemitismus aber de facto weiter.

Nur so ist es zu erklären, dass der mittelalterliche »Judenkirchhof« mitten im Schönbuch im öffentlichen Gedächtnis weitgehend verschwunden ist. Möglicherweise wurde er von Anfang an als eine »jüdische Geheimsache« behandelt. Es ist anzunehmen, dass der jüdische Friedhof im Schönbuch jene Toten jüdischen Glaubens aufgenommen hat, die trotz der Ausweisung durch Eberhard rund um den Schönbuch inkognito weiterlebten.

Der ehemalige Steinbruch Weißhäslich

Kleiner Bach beim Weißhäslich-Steinbruch

Der Standort im Schönbuch eignete sich dabei aus zweierlei Gründen. Er lag abgelegen im Wald. Zudem waren durch den nahen Weißhäslich-Steinbruch beliebig viele Sandsteine verfügbar, unter denen die Toten bestattet werden konnten. Weil dieser Zusammenhang in der nicht-jüdischen Bevölkerung nicht gesehen wurde, sind die Grabplatten im Laufe der Zeit zweckentfremdet worden. Tscherning spricht davon, dass sie wohl zu »Dohlenbauten und Ähnlichem« verwendet worden sein könnten. Vielleicht fügen es glückliche Umstände, dass eines Tages doch noch eine Grabplatte mit hebräischen Zeichen gefunden wird.

Der königliche Forstmeister Maximilian von Biberstein ließ zum Andenken an den großen Forstmann Tscherning den Stein für den »Patri Scainbuochensi«, errichten. Auch Biberstein wusste wohl um die Brisanz von Tschernings Entdeckung. Denn obwohl Tscherning in Bebenhausen wirkte und reichhaltige wissenschaftliche Forschungen zum Kloster Bebenhausen hinterlässt, wurde sein Gedenkstein nicht bei dem einstigen Prämonstratenser- und Zisterzienserkloster Bebenhausen erstellt, sondern mitten im Schönbuch, nur einen Steinwurf vom »Judenkirchhof« entfernt.

STURMERPROBTER SCHÖNBUCH:

»WIEBKES« WARNUNG – »LOTHARS« LEHRE

Mehrere Orkane haben in den vergangenen Jahren im Schönbuch eine Spur der Verwüstung hinterlassen. Zusätzliches Wetterchaos – etwa extreme Trockenheit oder hohe Niederschläge – machen dem Wald zu schaffen. Die Bäume geraten dadurch in Stress und werden anfälliger für Krankheiten. Hinzu kommen sekundäre Schädigungen. So hat etwa der Borkenkäfer bei störanfälligen Bäumen leichtes Spiel. In sensiblen Ökosystemen, wie dem Wald, zeigt der

Auf dem Bromberg haben mehrere Orkane eine Spur der Verwüstung hinterlassen. Davon zeugen noch heute etliche Kahlflächen.

Klimawandel sehr schnell sein zerstörerisches Gesicht. Und: Die Wunden dieser Zerstörungen heilen nur langsam. Dabei trägt gerade der Wald zur Klimaverbesserung bei, weil er das klimaschädliche Kohlendioxid einlagert.

Die »meteorologische Bombe« namens »Lothar« schlug an Weihnachten 1999 ein. Das Orkantief, das sich damals vor der Biskaya entwickelte und mit großer Kraft in nordöstlicher Richtung trieb, traf Baden-Württemberg an den empfindlichsten Stellen. Angesichts der Urgewalt knickten unzählige Bäume wie Streichhölzer um oder wurden aus dem Boden gerissen. Wie im Schwarzwald, so wurden auch im Schönbuch unzählige Bäume Opfer des Orkans. Besonders betroffen waren davon die schwach wurzelnden Fichten. Im stark geschädigten Westteil des Schönbuchs hat der Orkan ein Drittel der Nadelhölzer umgefegt. An exponierten Stellen traf es auch die schweren und tiefer wurzelnden Laubbäume. Wie Dominosteine fielen die Bäume oder brachen unter den Druckwellen zusammen. Unter ohrenbetäubendem Lärm müssen die Hölzer gesplittert oder umgestürzt sein. Der Orkan zog mit unterschiedlich großen Windgeschwindigkeiten von 140 bis 160 km/h, auf dem Feldberg im Schwarzwald sogar mit über 210 km/h, über das Land hinweg. Riesige Kahlflächen prägten danach das Bild. Die unvorstellbare Menge von rund einer Million Festmeter Holz lag danach kreuz und quer im Schönbuch. Der Orkan-Lothar-Stein auf dem Betzenberg ruft diese Naturkatastrophe in Erinnerung.

Jahre vorher hatte der Orkan »Wiebke« im Schönbuch enormen Schaden angerichtet. Auch damals sahen Teile des Schönbuchs wie ein überdimensionales Mikadofeld aus. Auf dem Bromberg erinnert ein Gedenkstein an den Orkan »Wiebke«, der am 1. März 1990 den Schönbuch mit brachialer Gewalt traf und 350 Hektar Fichtenwald niedermähte. Niemand konnte damals ahnen, dass dieser Sturm keine einzelne Wetterkapriole bleiben sollte. In der Nachbetrachtung war der Sturm »Wiebke« wie ein erstes Wetterleuchten für eine vollkommen andere Wetterlage, die heftige Stürme auch in unserer Region nicht mehr ausschließen. Inzwischen wissen wir, dass die Wetterextreme immer mehr zur Regel werden. Doch offenbar bedurfte es des Orkans »Lothar«, um aus der größeren Wahrscheinlichkeit für Stürme in unserer Region auch im Waldbau die richtigen Konsequenzen zu ziehen.

René Rosenmayer kam bei der Aufbereitung von Sturmholz nach dem Orkan Lothar am 30. März 2000 ums Leben.

Der Wiebke-Stein auf dem Bromberg erinnert an den gleichnamigen Sturm und die anschließende Borkenkäfer-Plage im Schönbuch.

Kraftvolle Buchen an weniger ausgesetzten Stellen zeigen den Wetterkapriolen eher Widerstand.

Weg von der Monokultur, hin zum naturnahen Mischwald heißt die Lehre, die im Land seitdem immer mehr Fürsprecher findet und auch im Schönbuch konsequent umgesetzt wird. Naturverjüngung heißt dabei das Zauberwort. Damit ist gemeint, dass sich der Wald seinen natürlichen Bedingungen gemäß entwickeln soll. Die Bäume sollen dort wachsen, wo sie wachsen wollen, nicht dort, wo sie durch teure Kulturpflanzungen wachsen müssen. Um artenreiche Mischwälder zu bekommen, soll der Mensch mehr und mehr den steuernden Einfluss auf die Zusammensetzung der Baumarten aufgeben.

Der Wald kann sich auch natürlich entwickeln. Ziel ist dabei ein naturnaher und artenreicher Mischwald. Forstexperten sind sich sicher, dass grundsätzlich die standortgeeigneten Bäume den Vorzug vor schnell wachsenden Kulturen bekommen sollen. Damit verbindet sich die Hoffnung, dass diese Bäume den tendenziell zunehmenden Stürmen besser gewachsen sind.

Schwach wurzelnde Bäume leben gefährlich – mit ihnen hat ein schwerer Sturm leichtes Spiel.

Die Forstwirtschaft kann dabei durchaus aus der Geschichte lernen. Vor 200 Jahren bestanden die Schönbuchwaldungen aus 4 Prozent Nadelwald und 96 Prozent Laubwald. Um den durch übermäßige Holznutzung, Waldweide und Jagd stark in Mitleidenschaft gezogenen Wald möglichst schnell aufzuforsten, wurden in den Jahren nach 1807, als im Königreich Württemberg eine einheitliche Forstverwaltung eingeführt worden war, vor allem schnell wachsende Bäume gepflanzt. Wie Paul Kirschfeld darstellt, stieg in den 1840er-Jahren der Flächenanteil der Nadelbäume Fichte und Forche auf 19 Prozent, während

der Laubholzanteil auf 81 Prozent zurückging. Im Jahr 1885 nahmen die Nadelbaumarten nach den Forschungen von Walter Arnold bereits 41 Prozent der Gesamtfläche ein, während auf Laubwald nur noch 59 Prozent entfielen. Innerhalb von nur einer Lebensspanne verzehnfachte sich damit im Schönbuch die mit Nadelhölzern bestandene Fläche. Die Antwort der Natur auf diese einseitige Aufforstung kam prompt. Bei Schneesturm und Eisregen brachen im Dezember 1886 unzählige Bäume unter einer riesigen Schnee- und Eislast zusammen. 115 000 Festmeter Holz fielen diesem Sturm damals zum Opfer, 77 Prozent davon waren Fichten und Forchen.

Bei der anschließenden Wiederaufforstung wurde zwar das Laubholz höher bewertet, doch die Übernahme der Jagd im Staatswald und in den angrenzenden Gemeindewäldern durch Kronprinz Wilhelm seit 1. April 1886 brachte eine starke Vermehrung des Wildbestandes und damit auch erhebliche Wildschäden in den jungen Kulturen mit sich. Glück hatte der Forst dadurch, dass das Jahr 1888, das als ein »Bucheljahr« in die Geschichte einging, eine natürliche Verjüngung des Buchenbestandes nach sich zog. Viele aktuelle Buchenbestände gehen laut Walter Arnold im Schönbuch auf dieses Jahr zurück. Immer mehr setzte sich die Erkenntnis durch, dass die Nadelhölzer zwar höhere Erträge versprechen, aber doch mit einem hohen Risiko behaftet sind. Aus den Orkanen »Lothar« und »Wiebke« lässt sich die Lehre ableiten, dass das Risiko beim Waldaufbau eher mit Laubhölzern klein gehalten werden kann. Der Forst hat auf diese Erkenntnisse bereits reagiert. Erstmals seit langer Zeit gibt es im Schönbuch aktuell wieder mehr Laubbäume (64 Prozent) als Nadelbäume (36 Prozent). Ziel des Forstes ist ein gemischter Baumbestand.

Um dieses Ziel zu erreichen, wurden in jüngster Zeit mehr Buche, Eiche, Ahorn und Esche gepflanzt. Die Buche ist dabei die Hauptbaumart der natürlichen Waldgesellschaft im Schönbuch. Nach der letzten, aus dem Jahr 2008 stammenden Betriebsinventur, schafft sie es auf einen Anteil von 31 Prozent. Die Eiche macht aktuell 15 Prozent von der Waldgesellschaft aus. Hinzu kommen Esche (3 Prozent), Ahorn (1 Prozent), Birke (5 Prozent) und weitere Laubbäume wie Erle, Pappel, Kirsche, Wildobst, Nuss, Elsbeere, Robinie und Linde mit insgesamt 9 Prozent. Von den Nadelhölzern ist weiterhin die Fichte mit einem Anteil von 17 Prozent dominant. Ihr folgen Kiefer (12 Prozent), Tanne (2 Prozent), Lärche (2 Prozent), Douglasie (1 Prozent) und weitere Nadelbäume wie Taxus, Thuja, Pinus und Abiesarten mit insgesamt 2 Prozent. Stark im Kommen ist die Douglasie. Wo es die Böden hergeben, soll sie vermehrt gepflanzt werden.

Die Douglasie –
die Baumart der Zukunft

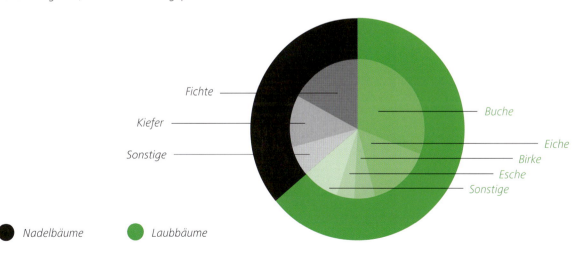

Fichte

Kiefer

Sonstige

Buche

Eiche

Birke

Esche

Sonstige

● Nadelbäume   ● Laubbäume

ARBEITSZONE WALD:

STARKE KERLE, STARKE PFERDE

Schon von Weitem ist das Kreischen der Motorsägen zu hören. Der kahle Winterwald gibt kilometerweit das ächzende Surren der Maschinen frei. Auf der Hochfläche des Dickenbergs legen Holzfäller die Axt an. Die starken Kerle sind in ihrem Element. »Dieser Baum muss weg«, sagt der Waldarbeiter. Der Förster hat den Baum entsprechend markiert, weil sich der Stamm des Baumes in geringer Höhe gabelt. Der Baum taugt deshalb für die Holzindustrie nicht. Zudem würde er mit seiner riesigen Krone vielen nachwachsenden Bäumen das Licht wegnehmen, wenn er im Frühjahr wieder Blätter bekommt.

Jens Laier hat gerade mit einer Motorsäge eine Kerbe in die Buche geschnitten. Mit einem auf der Gegenseite eingetriebenen Metallkeil versucht er nun, den etwa 10 Meter hohen Baum in die gewünschte Fallrichtung zu bringen. Doch alle Mühe ist für den jungen Mann umsonst. Im dichten Buchenwald hat sich der Baum im hohen Geäst eines benachbarten Baumes verfangen. »Macht nichts«, lächelt der sympathische Kerl. Er bringt seinen Traktor in Stellung, zieht ein Seil von der Winde, umschlingt damit wenig oberhalb der Schnittstelle den Baum und gibt per Funk ein Zeichen an seinen Trekker, der das Seil wie von Geisterhand getrieben anzieht. Krachend fällt daraufhin die Buche auf den gefrorenen Waldboden. Schnee stiebt auf. Die Äste wippen noch ein paarmal in die Luft, dann ist es feierlich still. Und schon ist es wieder zu sehen: das knitze Lächeln des Holzfällers, der mit seiner nicht ganz ungefährlichen Arbeit zufrieden ist. Geschafft! Das Werk lobt den Meister.

Ein paar hundert Meter entfernt sitzt Andreas Kußmaul wie ein Pilot auf einem futuristisch anmutenden Hightech-Gerät. Diese Maschine hat die Grundform eines Baggers, sieht im Einsatz mit seinem riesigen Greifarm aus wie ein Kran, bewegt sich wie eine Planierraupe durch den Wald und funktioniert wie ein mobiles Sägewerk. Fachleute sagen dazu Holzvollernter oder Harvester. Ruck, zuck ist damit ein Baum gefällt, entastet, gesägt, portioniert, in die gewünschte Richtung gelegt und abfuhrbereit gestapelt – und das alles ohne nennenswerte Unfallgefahr. Zehn Festmeter Holz werden damit pro Stunde »geerntet«, so viel, wie früher ein ganzes Team von Waldarbeitern am Tag schaffte. Zeitsparen und Kosten senken – das gilt auch für die Forstwirtschaft, die immer mehr Forstspezialschlepper im Einsatz hat.

Der Harvester fährt jetzt in eine Rückegasse, also in einen eigens zur Holzernte freigeschlagenen Weg, in den Wald hinein. Bei einem 10 Meter langen Kranarm kann er nun jeden vom Förster zum Sterben bestimmten Baum innerhalb eines Aktionskreises von 20 Metern erreichen. Die Forstleute achten peinlich genau darauf, dass die Schneisen mindestens 40 Meter auseinanderliegen, um die Schäden durch die schweren Fahrzeuge kleinzuhalten. In dem zwischen den Rückegassen liegenden Waldstück arbeiten dann die sogenannten Zufäller mit Axt, Motorsäge und kleineren Traktoren. Dank der modernen Technik können zwei Arbeiter pro Tag 100 Festmeter Holz einschlagen.

Ein Harvester im Einsatz auf dem Dickenberg

Filigrane und harte Arbeit zugleich: Damit ein Baum in die gewünschte Richtung fällt, wird ein Metallkeil in die Schnittstelle eingefügt.

Diese Arbeit dient nicht nur der Verwertung des Rohstoffes Holz. Sie schafft auch Platz für eine geplante Durchforstung. Damit will der Förster den Wald in einen naturnahen Zustand bringen. Auf diesem Grund sollen die widerstandsfähigen Eichen gepflanzt werden. Auch die Douglasie ist im Kommen. Ihre Anpflanzung ist ein Zeichen dafür, dass die Forstleute sich bereits heute auf den Klimawandel von morgen einstellen. Sie wollen deshalb Bäumen eine Lebenschance geben, die intensiv wurzeln, mit weniger Niederschlägen auskommen und einen geringeren Nährstoffgehalt benötigen. Die Douglasie wächst nicht nur schnell, sie ist auch eine sehr anpassungsfähige Pflanze und überzeugt durch ihre stabile Gesundheit. Forstleute sprechen bereits von der »Baumart der Zukunft«.

Obwohl es Samstagnachmittag ist, steht völlig unerwartet der Förster vor den Holzfällern. Außerhalb seiner Dienstzeit will er nur mal »Grüß Gott« sagen. Im Klartext: »nach dem Rechten« sehen. Denn die Arbeiten mit dem Hightech-Gerät im Wald sind zwar extrem wirtschaftlich, haben aber erhebliche ökologische Nachteile, die der Forstmann in Grenzen halten will. Denn die mehrere Tonnen schweren Maschinen verdichten den Boden und können auch die Wurzeln von danebenstehenden Bäumen schädigen. Noch Jahre nach einem Einsatz sind die Fahrspuren im Wald zu erkennen. Auf dem verdichteten Boden wächst jahrelang kaum etwas anderes als Binsengras.

Das geschlagene und aufbereitete Holz liegt abfuhrbereit am Wegrand.

Freigeschlagene Rückegasse

Bei der Arbeit mit Rückepferden sind Beschädigungen im Untergrund so gut wie ausgeschlossen. Wenn es einigermaßen wirtschaftlich sinnvoll ist, setzt die Forstverwaltung auch im Computerzeitalter Holzfäller mit Rückepferden ein. Einer davon ist Hartmut Notheis. »Hott, hott, hott«, sagt der Pferdeliebhaber und schon zieht sein Kaltblüter nach rechts durchs Unterholz. Die Anweisungen setzt der Fuhrmann kurz und bündig – und unerwartet leise. Im Schlepptau hat das kräftige Pferd einen mittelschweren Buchenstamm, vielleicht 5 Meter lang, nicht mehr als 30 Zentimeter stark. Das Ardenner-Pferd zieht mächtig an. Noch ein paar kraftvolle Schritte durch den kahlen Winterwald und schon liegt der Stamm abfuhrbereit am Weg. Holzrücker Notheis blickt zufrieden in die Welt hinein und belohnt seinen starken Vierbeiner mit einem gefälligen Blick. Das soll so viel bedeuten wie: »Gut gemacht, weiter so!« Und schon geht es wieder in den Wald hinein: »Hüh, Hüh, Hühaaaaa.«

Hartmut Notheis kennt sein Pferd namens »Bubi« besser als seinen Traktor. Vor einigen Jahren hat er den Ardenner im Elsass gekauft. Das Tier sollte damals zum Schlachter gebracht werden. Hartmut Notheis hat es zuerst vor dem sicheren Tod bewahrt, dann hochgepäppelt. Er hat dem ungelenken Vierbeiner viel Zeit gelassen. Wie ein Wildpferd hat er es gezähmt und es schließlich für sich

dienstbar gemacht. Schritt für Schritt lernte Hartmut Notheis das Pferd auf seinem Hof in Metzingen-Glems ein. Nach vier Jahren war der Kraftprotz soweit, konnte erstmals zu kleineren Arbeiten im Wald eingesetzt werden. Heute hat der einst so scheue Kaltblüter absolutes Vertrauen zu seinem einstigen Lebensretter gefunden.

»Wir sind eine Einheit«, sagt Hartmut Notheis nicht ohne Grund und sichtlich stolz. Er kann sich auf sein Pferd verlassen. Kein Wunder: Der Tier- und Naturfreund lebt mit seinen Pferden und für seine Pferde. Ihr Wohlergehen bedeutet ihm alles. So

Holzarbeit ist Schwerarbeit: Ein Holzfäller bringt die schwere Fracht mit dem Traktor zum Parkplatz »Weißer Stein«.

spürt auch das Pferd, dass es zu keinem Zeitpunkt überfordert werden soll. Im Wald gibt der Kaltblüter sein Bestes. Wie jetzt. Das Pferd hat einen mächtigen Buchenstamm im Geschirr, hängt sein volles Gewicht hinein, scheint plötzlich kleiner und stärker zu werden. Es dauert nicht lange, da ist die schwere Arbeit mustergültig erledigt – und beginnt sogleich von vorne: »Hüst, hüst, auf Bubi, hüst!« Das Pferd zieht nach links in den Wald hinein. Die Arbeit läuft wie am Schnürchen.

Dabei sind Holzfällen und Rückearbeit im Wald nicht ungefährlich – jedenfalls viel gefährlicher als es zunächst aussieht. Unter der Last ihres eigenen Gewichts können Bäume beim Zersägen eine enorme Spannkraft entfalten und wie eine Stahlfeder in eine kaum kalkulierbare Richtung schnellen. Nicht umsonst verweisen im Schönbuch unzählige Denksteine auf die lebensgefährliche Arbeit im Holz, bei der schon mancher Waldarbeiter sein Leben lassen musste. Nur zu gut weiß auch Hartmut Notheis davon zu berichten und bündelt seine Lebenserfahrung in einen markanten Satz: »Das Holz trachtet dem Arbeiter im Wald nach dem Leben.« Also heißt es aufpassen.

Entsprechend ruhig und konzentriert geht der Holzrücker zu Werke. Nach sechs Stunden harter Arbeit im Wald ist es genug – nicht für den Fuhrmann, sondern für das Pferd, das

Hartmut Notheis wie seinen Augapfel hütet. Klar, dass mit den entsprechenden Maschinen mehr Holz geschlagen und gerückt werden kann. Doch dafür hat das Holzrücken mit Pferden sehr viele Vorteile. Insbesondere kann mit Pferden viel flexibler und auch in steilem Gelände gearbeitet werden. Zudem wird durch diese Arbeit der Waldboden geschont und nicht – wie bei schwerem Maschineneinsatz – stark verdichtet. Noch nie ist es vorgekommen, dass ein Pferd wertvolles Kulturgut im Boden zerstört hat. »Das ist eine schonende, saubere und umweltfreundliche Sache«, lobt Notheis die Rückearbeit mit dem Pferd.

Im gleichen Atemzug bedauert er, dass es immer weniger professionelle Holzrücker gibt. Der Grund dafür liegt auf der Hand. Die Arbeitszeit eines Holzrückers endet nicht mit dem Ende der Arbeit im Wald. Hartmut Notheis ist für seine Pferde sieben Tage in der Woche und 365 Tage im Jahr da – unabhängig davon, ob er von einem Revierleiter während des Winterhalbjahrs einen Auftrag bekommt oder nicht. »Das ist eben ein knallharter Beruf«, erklärt der Pferdeliebhaber, der seine Arbeit dennoch gegen nichts in der Welt eintauschen möchte.

Der Kontrast dieser seit vielen Jahrhunderten praktizierten Arbeit zur computergesteuerten Waldproduktion der Zukunft könnte kaum größer sein. Bereits jetzt wird an diversen

Mit einem Seil zieht der Waldarbeiter einen Baum aus dem Wald, der sich im Geäst eines benachbarten Baumes verfangen hat.

Hochschulen der Wald von morgen virtuell geplant, wie ein Auto im Konstruktionsbüro. Jeder einzelne Baum wird mit Luftbildaufnahmen und Laser-Sensoren erfasst. Sodann gehen diverse Erkenntnisse und rechnergestützte Annahmen – etwa Standort und Wachstumsbedingungen eines Baumes sowie Bodenbeschaffenheit samt Klimadaten und Topografie – in ein Computermodell ein. Auf dieser Basis werden dann alle Arbeitsschritte von der Saat bis zur Baumernte geplant. Die forstwirtschaftlichen Entscheidungen werden danach komplett am Computer getroffen. Nach den Zukunftsplänen ist weder ein Förster mit Markierungsstift noch ein Waldarbeiter mit Axt und Säge nötig. Der zu einem Waldroboter weiterentwickelte Harvester wird bald nicht einmal mehr einen Piloten im Cockpit der Maschine benötigen.

Im Moment hört sich das nach Zukunftsmusik an. Doch der technische Schritt von einem Vollernter zum ferngesteuerten Waldroboter ist kleiner als der von einem Waldarbeiter mit Axt und Rückepferd zum hoch technisierten Harvester unserer Zeit. Auch gibt es bereits Modellprojekte – etwa an der Technischen Hochschule in Aachen, die es immer wahrscheinlicher werden lassen, dass der Automatisierung im Wald eine goldene Zukunft winkt. Eines allerdings lässt sich am Computer nicht planen: ein Wald in einer ökologisch intakten Umwelt. Ohne diese können die kühnsten Computersimulationen schnell zur Makulatur werden.

»Geschafft!« –
Das Werk lobt den Meister.

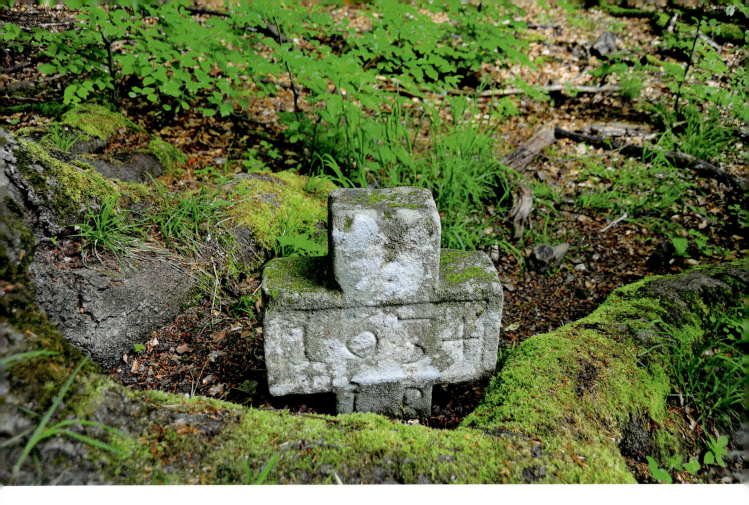

DENKMALE ZUR ERINNERUNG:

WENN STEINE SPRECHEN KÖNNTEN

Der Wald ist voller Leben – und manchmal auch von Tod. Daran erinnern die zahlreichen Gedenksteine im Schönbuch. Es sind in Stein gehauene Geschichten. Geschichten, die sich auf der Bühne des Lebens abgespielt haben und oft genug die skurrilsten Begebenheiten an der dünnen Grenzlinie zwischen Leben und Tod erzählen. In der Literatur werden solche Geschichten zu wahren Tragödien oder Komödien gebündelt. Doch die Steine schweigen. Es sind die stummen Zeugen der Vergangenheit. Aber gerade diese stille Erinnerung kann nachdenklich machen, wenn mit dem Stein eine tragische Geschichte lebendig gehalten werden soll.

Die Mitglieder des Fördervereins Naturpark Schönbuch e. V. haben in mühevoller Kleinarbeit insgesamt 241 Kleindenkmale systematisch erfasst und auf der Internetseite www. denksteine-schoenbuch.de veröffentlicht. Diese Steine haben eines gemeinsam: Sie sind nicht nur stille Zeugen der Vergangenheit, sie sind richtige Kunstwerke. Der Förderverein Naturpark Schönbuch e. V. möchte diese Steine zum Sprechen bringen.

Der Vogtstein im oberen Kirnbachtal, erzählt eine tragische Geschichte: Zwei Brüder, der Maurer und der Zimmermann Vogt, waren am 18. Januar 1865 im Staatswald unweit der Ladstockbuche mit dem Fällen eines Baumes beschäftigt, als das furchtbare Unglück geschah. Offenbar hatte sich eine Buche beim Fällen im Geäst eines benachbarten Baumes verfangen. Deshalb wollten die Brüder einen weiteren Baum ansägen, um durch die Wucht seines Sturzes den Fall der Buche herbeizuführen. Der Baum fiel jedoch zu früh und erschlug an diesem kalten Wintertag den älteren der beiden Brüder. Er war auf der Stelle tot.

»Der Verunglückte war ein fleißiger Mann, Wittwer und Vater von 8 Kindern, deren jüngstes heuer confirmirt wird«, heißt es dazu kurz und bündig in der Schwarzwälder Kreis-Zeitung vom 22. Januar 1865. Und das Kirchenbuch in Lustnau weist aus, dass Bernhart Vogt, geboren am 26. Februar 1811 in Lustnau, beim »Holzmachen von einer Buche erschlagen« wurde, und am 18. Januar 1865 vormittags um zehn Uhr gestorben ist. Acht Kinder blieben sich also von diesem Tag an selbst überlassen. Mit dem Tod des Mannes im Wald nahm eine weitere Tragödie ihren Lauf. Schweigend erinnert daran der Vogtstein, der immer wieder fälschlicherweise mit dem angeblichen Mord an einem Bauern aus Walddorf in Verbindung gebracht wird.

Der König-Wilhelm-Stein ist der größte Denkstein im Schönbuch. Er wurde 1916 aus Anlass des 25-jährigen Thronjubiläums von König Wilhelm II., dem Erbauer der Königsjagdhütte, gesetzt.

Schlüsselstein um das Stift Einsiedel beim Schlierbach

Schlüsselstein um das Stift Einsiedel bei der Lindenallee

Fischstein im Neckartal – der wohl älteste Grenzstein im Schönbuch

Der Unfall könnte sich so zugetragen haben, wie Ernst Wichert in seiner Hirtennovelle den jähen Tod eines Mannes beschreibt: »Ohne hin und her zu schwanken, wie sonst, schien sich eine hohe Fichte plötzlich um sich selbst zu drehen, mit waagrecht kreisenden Zweigen, bevor sie niederbrauste, gleich einem aus den Fundamenten geworfenen Turm und mit dem Donner ihres Sturzes den leisen Schrei verschlang, der zu ihren Füßen aufstand gegen das niederbrechende grüne Gebirge …«

Tragisch war auch der Tod des nur 21 Jahre alt gewordenen René Rosenmayer, der am 30. März 2000 im Schönbuch ums Leben kam. Mit dürren Worten beschrieb der Reutlinger General-Anzeiger am 31. März 2000 den Tod des jungen Österreichers: »Bei Aufräumarbeiten der Schäden, die der Orkan »Lothar« angerichtet hat, ist gestern Nachmittag ein 21-jähriger Waldarbeiter aus Österreich getötet worden. Nach Polizeiangaben hatte der junge Mann im Gewann »Wildäcker« auf Dettenhäuser Gemarkung mit einer Motorsäge einen Wurzeltrennschnitt vorgenommen, als sich ein Baum löste und ihn gegen einen Holzstamm drückte. Dabei zog sich der 21-Jährige so schwere Verletzungen zu, dass er noch am Unglücksort starb. Der Österreicher ist das elfte Todesopfer im Land, das bei den Aufräumarbeiten in den Wäldern zu beklagen ist.« Wie der tragische Tod von René Rosenmayer zeigt, ist Akkordarbeit im Wald mit erheblichen Gefahren verbunden. Der zu seiner Erinnerung gesetzte Stein soll die Gefahren im Wald lebendig halten.

Viele weitere Kleindenkmale erinnern in komprimierter Form an komplexe, nicht immer zu durchschauende Hintergründe. Doch manchmal geht es auch um alltägliche Praxis. Der Entringer Stein, ein in den Stubensandstein des Schönbuchs geschlagener Stein-Quader, erzählt eine einfache Geschichte von Raum und Zeit. Wie dieser Stein ausweist, sind von dort aus unsere Vorfahren, über die Diebsteigbrücke in »1 1/2 Stunden« nach Entringen gewandert, in »1 ¾ Stunden« durchs Goldersbachtal nach Bebenhausen gelangt und haben »1 Stunde« nach Altdorf benötigt. Manchen Mountainbiker mag das zum Schmunzeln veranlassen, manchen mit GPS, Höhen- und Entfernungsmesser ausgestatteten Wanderer nur ein müdes Lächeln entlocken. Doch vielleicht erinnert sich der eine oder andere Wanderer beim Blick auf diesen Stein daran, dass das Leben nicht nur aus maximaler Geschwindigkeit besteht.

Noch unbeantwortet ist die Frage, welches der älteste Denkstein des Schönbuchs ist. Ist es ein Grenzstein oder ein Gedenkstein? Sind es die Schlüsselsteine rund um den Einsiedel oder ist es eines der Sühnekreuze? Vielleicht ein Stundenstein oder ein Steinkreuz? Oder ist es gar – wenn auch unwahrscheinlicher – ein Bildstock oder ein Brunnen? Soviel ist sicher: Die Schlüsselsteine des von Graf Eberhard im Bart im Jahr 1492 gegründeten Stifts St. Peter im Einsiedel haben ein Alter von über 500 Jahren auf dem Buckel. Doch damit ist keinesfalls ausgemacht, dass sie tatsächlich die ältesten von Menschenhand geschlagenen Steine im Schönbuch sind. Möglicherweise macht ihnen dieses Privileg ein ganz unscheinbarer Stein streitig. Behält nämlich Friedrich August Tscherning recht, so könnte der Fischstein beim Schlierbach im Neckartal tatsächlich noch älter sein. Möglicherweise markierte er einst die Reichweite eines Fischrechts im Neckar, das der Tübinger Pfalzgraf Eberhard, im Jahr 1292 an das Kloster Bebenhausen verkaufte. Das war wohl der Anfang vom Ende des einst mächtigen schwäbischen Adelsgeschlechts. 50 Jahre später, im Jahr 1342 gingen Tübingen und der Schönbuch an die Württemberger.

Der Vogtstein erinnert an den tragischen Tod von Bernhart Vogt, der beim Fällen einer Buche am 18. Januar 1865 ums Leben kam.

EIN WINTERSPAZIERGANG MIT DEM FÖRSTER:
TRIUMPH DER NATUR

Es ist Winter geworden. Die Natur ruht unter einer weißen Schneedecke. Auf den Spuren des Försters gehe ich durch die »Silbersandgrube«, einem von drei ausgewiesenen Bannwäldern im Schönbuch. Ursprünglich sieht es hier aus, kreuz und quer liegen zahllose Fichten am Boden. Dazwischen sind zahlreiche neue Bäume nachgewachsen – ohne jedes menschliche Zutun.

Auf der Bromberg-Ebene haben die Stürme »Vivian« und »Wiebke« im Frühjahr 1990 besonders heftig gewütet. Unzählige Nadelbäume wurden dort binnen kurzer Zeit ein Opfer der Naturgewalt. Aus dem Fichten-Kiefern-Mischwald, der auf der Bromberg-Ebene zum Teil auch mit Lärchen durchsetzt war, ist eine kahle Fläche geworden, die danach zum größten Teil wieder aufgeforstet wurde – mit Ausnahme der »Silbersandgrube«, einem 18 Hektar großen Teilbereich davon. »Dort wollte man sehen, was die Natur daraus macht«, sagt Förster Jörg Maurer, der das Gebiet forstlich betreut. Seit dem Sturm unterblieben dort alle menschlichen Eingriffe. Die Natur wurde sich selbst überlassen. Die Fläche wurde als Bannwald ausgewiesen.

Heute, zwanzig Jahre nach dem Sturm, und zusätzlichen Schädigungen durch den Orkan »Lothar« im Jahr 1999, hat die Natur einiges zustande gebracht. Obwohl die Sturmschäden in der »Silbersandgrube« nicht beseitigt wurden und auf diesem Areal kein einziger Baum von Menschenhand gesät oder gepflanzt wurde, gibt es dort wieder einen kleinen Wald. Buchen, Birken, Fichten, Kiefern, Ahorn, Eichen, Ebereschen, Vogelbeerbäume, Lärchen, Weiden – fast die ganze Palette der heimischen Baumarten ist dort vertreten. Dazwischen liegen die Sturmhölzer kreuz und quer in der Natur und folgen ihren Gesetzen der natürlichen Vermoderung.

Mit wachen Augen verfolgen Wissenschaftler ganz unterschiedlicher Disziplinen die Zerfalls- und Wachstumsprozesse in der Natur. Biologen, Chemiker, Vogelkundler und nicht zuletzt die Forstexperten erforschen

Die »Silbersandgrube« bleibt sich selbst überlassen.

Fichte im Winterkleid

Förster Jörg Maurer verfolgt mit wachen Augen das Geschehen in seinem Revier.

den sich selbst überlassenen Wald, und leiten ihre Erkenntnisse davon ab. So interessiert zum Beispiel die Forstwissenschaft, welche Pionierbaumarten sich als Erste durchsetzen und welche langfristig die besten Überlebenschancen haben. Klar, dass die sogenannten Lichtbaumarten, wie Kiefer, Weide oder Vogelbeerbaum, die besseren Startchancen haben, weil deren Samen vom Wind meist besser verfrachtet werden und sie auf einer kahlen, also dem Sonnenlicht ausgesetzten Fläche bessere Wachstumsbedingungen vorfinden, als eine Schattenbaumart. Diese kommen mit weniger Licht besser zurecht.

Ein gutes Beispiel dafür ist die Buche. Sie fängt erst richtig an zu wachsen, wenn einer Birke nach 30 bis 40 Lebensjahren bereits die Kraft ausgeht. Somit setzt sich die Buche langfristig gegen andere Baumarten durch. »Ohne menschliches Zutun hätten wir innerhalb von etwa 500 Jahren einen reinen Buchenbestand«, erklärt Förster Maurer. Doch für den Wald der Zukunft müssen eben zusätzliche Bedingungen, etwa der Klimawandel, kalkuliert werden. So kommt die Eiche mit Trockenheit besser zurecht als die Buche. Die Douglasie könnte sich gegen die Fichte durchsetzen. Obwohl diese Baumart seit der Eiszeit in Europa ausgestorben ist, rechnen Forstleute ihr in Zukunft gute Chancen aus. Sie gibt sich auch mit dem sandigen, trockenen

und nährstoffarmen Boden der Bromberg-Ebene zufrieden und ihr Holz ist wertvoller als das einer Fichte, weil es von Natur aus besser imprägniert und deshalb länger haltbar ist.

Die Forstleute denken marktwirtschaftlich und ökologisch. »Wir wollen mit der Natur arbeiten, nicht gegen sie«, sagt Förster Maurer, der die Fichte auf dem Bromberg für eine Fehlbesetzung hält. Denn die Fichte wurzelt flach und ist auf der exponierten Bromberg-Hochfläche besonders sturmgefährdet. Der Sturm Wiebke hat dies eindrucksvoll demonstriert. Der Borkenkäferbefall hat danach in mehreren extrem warmen Jahren die Bestände zusätzlich geschwächt. So hatte der Orkan »Lothar« leichtes Spiel, die wenigen Restbestände an Fichten komplett umzulegen.

In dem 18 Hektar großen Bannwald »Silbersandgrube« wollen Wissenschaftler und Forstfachleute erkunden, was die Natur ohne menschliches Zutun macht.

WO DIE NATUR SICH SELBST GENÜGT:
WILDER SCHÖNBUCH

Prachtvolle Buchen und riesige Eichen strecken im Eisenbachhain, einem Wildnisgebiet mitten im Schönbuch ihre Äste der Sonne entgegen. Einige Baumriesen mögen 200, vielleicht sogar 300 Jahre alt sein. Da bleibt es nicht aus, dass die Zeit ihre Spuren an diesen Naturwundern hinterlassen hat. Risse und Furchen haben sich tief in die Rinde mancher Bäume eingegraben, morsche und lebensschwache Äste sind abgebrochen. Der Rest aber zeugt von purem Lebenswillen.

Im Eisenbachhain ist die Natur sich selbst überlassen. Kein Jäger stellt dem Wild hinterher, kein Waldbauer holt Holz, nicht einmal Pilzsammler dürfen hier rein. Der Eisenbachhain mit einer Fläche von 8,4 Hektar wurde 1937 als Naturwaldreservat ausgewiesen. Seitdem ist die forstliche Nutzung eingestellt. Nur ein paar Wissenschaftler unterschiedlicher Fachrichtungen haben ihren Fokus auf dieses Waldgebiet gerichtet. Ansonsten ruht die Natur in sich. So kann sich die Vegetation des Waldes weitgehend unabhängig von direkten äußeren Einflüssen entwickeln. In dieser kleinen Wildnis liegen viele Bäume am Boden, zeigen ihre morschen Äste kreuz und quer in alle Himmelsrichtungen. Denn wenn die Lebensenergie nicht mehr ausreicht, wenn der Wurzelstock nicht mehr genügend Nährstoffe in die Blattspitzen treibt, oder wenn schwere Herbststürme über den Schönbuch hinwegfegen, dann sind auch diese Methusalems vor ihrem eigenen Ende nicht mehr gefeit. Krachend fallen sie dann um – die Gesetze der Natur gelten auch für die Riesenbäume.

Auf einem umgefallenen Baum haben sich Pilze, Moose und Flechten festgesetzt. Sie haben ihre Nährstoffgrundlage auf den einstigen Baumriesen gefunden und zersetzen sie – zusammen mit Sonne, Wind, Regen und Kälte. Wie Parasiten haben sich etliche Zunderschwämme an einer riesigen Buche angedockt und bemächtigen sich dieses bislang gesunden Baumes. Bald wird der Kern des Baumes nachhaltig geschädigt sein – die Poren der Parasiten dringen tief ins Holz hinein, zersetzen es gleichsam von innen her. In der ursprünglichen Natur sterben viele Bäume einen langsamen Tod. Mächtiges Wachstum und langes Sterben liegen nicht nur im Naturschutzgebiet Eisenbachhain dicht beieinander. Doch schon im Vergehen zeigt sich neues Werden. Einem Wunder gleich, bietet der humusreiche Boden die Grundlage für neues Wachstum – beispielhaft zu sehen im Moorgebiet rund um den Birkensee oder am Ziegelweiher im Goldersbachtal.

Die Natur bahnt sich ihre eigenen Wege – gesehen am Ziegelweiher.

Zunderschwämme bemächtigen sich eines Baumriesen und zersetzen ihn von innen her.

Pilze und Zunderschwämme an Bäumen: In den Bannwaldgebieten bleibt die Natur sich selbst überlassen.

An diesem schönen Frühherbsttag hängt das Grün des Sommers noch im Wald. Die ersten Buchenblätter haben sich aber bereits ins Gelbliche verfärbt. Auf dem Waldboden liegen neben den ersten welken Blättern auch die Früchte des Waldes. Immer wieder fallen Kastanien, Eicheln und Bucheckern leise knackend zu Boden. Aus manchen von ihnen wird neues Leben entstehen. Nicht weit davon entfernt lugen ein paar Brombeeren aus stacheligen Hecken hervor. Wie blank geputzt erscheinen die Früchte in dem satten Grün. Etliche Birken bringen beim Birkensee ein paar schwarz-weiße Kontraste in die grün-gelb-braune Grundfarbe des Waldes. Es riecht nach frischer Erde. Die ursprüngliche Natur bietet einen unglaublichen Reichtum an Farben und Gerüchen. Neben dem Eisenbachhain gibt es mit der 18 Hektar großen »Silbersandgrube auf dem Bromberg und dem 72 Hektar großen Gewann »Steinriegel« bei der Tellerbrücke zwei weitere Wildnisgebiete im Schönbuch. Die Orkane »Wiebke« und »Lothar« haben dort besonders starke Lücken geschlagen. Forstexperten wollen herausfinden, wie sich der Wald dort ohne menschliche Eingriffe entwickelt. Damit der Urwald auch morgen noch eine Chance hat.

Humusreicher Boden bietet beim Birkensee die Grundlage für neues Wachstum.

WALDWEIDE:

EIN EXPERIMENT ZUR BIOLOGISCHEN VIELFALT

Wie gemalt stehen zwei Pferde auf der Weide. Kraftvoll und doch anmutig ziehen sie ihre Bahn. Niemand stört sie, kein Mensch weit und breit. Manchmal liegen die Pferde im Schatten eines Baumes, bis sie wieder der Hunger antreibt und sie dann, meist dicht beieinander stehend, das abgezirkelte Planquadrat auf der Suche nach Futter durchschreiten. Das eingezäunte Viereck, das ist das Besondere daran, ist eine Waldweide. Rund sechs Hektar groß ist das Gelände bei Dettenhausen am Schönbuchrand, ein aufgeräumtes, helles, lichtdurchflutetes Stückchen Erde. Der Kontrast zum dunklen Fichtenwald könnte kaum größer sein.

»Weiler Berg« sagen die Einheimischen zu dem Schonwaldgebiet. Die Bäume stehen zumeist in größeren Abständen voneinander entfernt. Andreas Christoph, ein junger, sympathischer Student der Forstwirtschaft, hat hier seine zweite Heimat gefunden. Er betreut das Waldweideprojekt, schreibt darüber seine Bachelorarbeit.

Ginge es nach dem Landeswaldgesetz, so dürfte es eine Waldweide eigentlich gar nicht geben. Zu negativ waren die Erfahrungen, die damit im Laufe vieler Jahrhunderte im Schönbuch und anderswo gemacht wurden. Doch auch die planmäßige Holzzucht mit ihren sturm- und krankheitsanfälligen Monokulturen hat diverse Nachteile offenbart. Mit dem Konzept eines möglichst naturnahen Waldes findet jetzt, auf kleinere Flächen begrenzt, die Waldweide wieder ihre Berechtigung. »Waldweiden«, sagt Andreas Christoph, »fördern die biologische Vielfalt.«

Jeder Wald hat eine eigene Geschichte – so auch der Schönbuch. Unter einer völlig anderen Besiedelungsdichte darf angenommen werden, dass der Schönbuch vor Jahrtausenden ein Urwaldgebiet war. Von der Wildnis entwickelte sich der Schönbuch durch menschliche Einflüsse zu

seiner heutigen Gestalt. Insbesondere die planlosen Kahlschläge und übermäßigen Holznutzungen im späten Mittelalter und in der frühen Neuzeit bedeuteten tiefe Einschnitte für den Schönbuch als Waldgebiet. Aber auch die Weidewirtschaft setzte dem Wald zu. Die Tiere der Bauern wurden in den Wald getrieben und fraßen nicht nur Bucheckern und Eicheln. Ihnen schmeckte auch das Grün der jungen Triebe und während ihres oft wochenlangen Aufenthalts im Wald trampelten sie alles nieder, was sich ihnen in den Weg stellte oder nicht von Menschenhand geschützt wurde. Nachwachsende Bäume hatten so kaum eine Wachstumschance. So blieben in diesem Waldgebiet nur die großen Bäume stehen. Noch heute ist die Grundstruktur dieses einstigen »Hutewaldes« in mehreren Gebieten zu sehen: Große, weit auseinanderstehende Waidbuchen, Hainbuchen, Hängebirken und Eichen und dazwischen große Freiflächen lassen die einstige Struktur am »Weiler Berg« erkennen.

Eingriffe in das Öko-System Wald durch die Natur selbst oder durch die Menschen wirken oft sehr lange nach. »Das 17. Jahrhundert«, sagt Andreas Christoph, »war der Höhepunkt der Waldweide.« Aber auch später, als die Bauern rund um den Schönbuch zur Stallfütterung übergingen, hielt der Raubbau im Wald an: Die Bauern holten das Laub aus

*Im Waldschutzgebiet »Weiler Berg«
wird ein einmaliges Projekt zur Waldweide getestet.*

In einer Waldweide sind Eingriffe in die natürlichen Wachstumsbedingungen gewollt.

Dem Pferd schmecken die jungen Buchenblätter.

dem Wald und entzogen ihm damit wertvolle Nährstoffe. In der Folge wuchs nichts mehr richtig, den Rest machte die sporadische Weidehaltung im Wald zunichte. »Die Fläche glich einer Wüste«, weiß Andreas Christoph aus seinem Quellenstudium. Die großen Eichen blieben indessen stehen, weil sie bereits zu dick waren, um mit den damals bescheidenen Werkzeugen gefällt zu werden. »Deshalb haben sie überlebt«, erklärt der angehende Forstwirt. Heute gelten die riesigen Naturdenkmale als Zier des Schönbuchs.

Mit der Entdeckung der nachhaltigen Waldwirtschaft wurde die Waldweide verboten. Wo sie dennoch vorkam, wurde sie bestraft. Bis zum heutigen Tag ist sie im Landeswaldgesetz nicht vorgesehen. Umso mehr überrascht es, dass heute vereinzelt Waldweiden bewusst angelegt, gezielt aufrechterhalten und sogar touristisch vermarktet werden. Im Vergleich zum Mittelalter gibt es dabei jedoch markante Unterschiede. So wird mit den ausgewiesenen Waldweiden nur an einigen wenigen, an Waldrändern liegenden Standorten in die Struktur des Waldes eingegriffen. Von einer gezielten Zerstörung, gar einem bewussten Verzicht auf einen nachwachsenden Wald kann dabei keine Rede sein. Viel eher handelt es sich um Experimente.

Die weidenden Tiere tragen wesentlich dazu bei, dass durch den Abfraß nachwachsender Pflanzen ein offener, lichtdurchfluteter Wald entsteht, in dem sich jene Tiere wohlfühlen, die im dunklen Forst ein viel zu geringes Nahrungsangebot finden würden. Zur Erweiterung der Artenvielfalt ist es zudem genauso wichtig, dass durch den dauerhaften Aufenthalt der Weidetiere auf dem von ihnen beweideten Boden gewisse Störstellen entstehen, auf denen das Vorkommen sensibler Arten gefördert wird.

Mattias Rupp, der am Freiburger Institut für Landespflege eine Dissertation zum Thema Waldweide verfasst, kommt regelrecht ins Schwärmen, wenn er seine Forschungsergebnisse zur Waldweide ansieht. Dabei macht er interessante Beobachtungen. So ist den Forschern aufgefallen, dass in einer Waldweide viel mehr bodenwühlende Säugetiere vorkommen als in normalen Wäldern. »Die fördern den Mineralboden aus der Tiefe und düngen den Boden«, sagt Mattias Rupp und fügt hinzu: »Das ist so, als ob im Wald Mineraldünger gestreut würde.« Mäuse werden dabei als Teil der im Wald bestehenden Nahrungskette begriffen. Für jagende Säugetiere, etwa Greifvögel oder Eulen, sind sie ein wichtiger Nahrungsbestandteil. Zudem tragen Mäuse ihre Nahrung in den Boden und unterstützen über zurückgelassene Samen die Naturverjüngung.

Noch bemerkenswerter ist für den Weide-Forscher indessen ein anderes Forschungsergebnis: »Lichtet der Mensch den Wald aus, so verjüngen sich nur die Bäume, die ohnehin bereits da sind; werden dagegen Tiere auf einer Waldweide gehalten, so tragen sie über die Exkremente auch die Samen anderer Gehölze ein.« Der Effekt wird noch dadurch verstärkt, dass in einem freieren Wald mehr Vogelarten heimisch werden und über eine größere Verteilung der Samen dafür sorgen, dass neben den Leitbaumarten noch andere Begleitgehölze wachsen. So hat Mattias Rupp immer wieder beobachten können, dass um eine Fichte auf einer Waldweide plötzlich ein Ring von Eberesche, Weißdorn, Schlehe oder Schneeball wächst, also Gehölze, die leuchtende Früchte haben. »Im Vergleich zum nicht beweideten Wald konnten wir mit Hilfe einer Vegetationsanalyse eine Verdreifachung der Arten feststellen«, schwärmt Mattias Rupp. Einzige Bedingung für das gelingende Experiment: Die Waldfläche muss einige Jahre Zeit bekommen, um sich umzustellen.

Andreas Christoph hat im Waldschutzgebiet »Weiler Berg« eine zweite Heimat gefunden.

Lichtdurchfluteter Wald – die Waldweide macht es möglich.

FRIEDWALD BEI HOHENENTRINGEN:

FRIEDLICHE STILLE
AM SCHÖNBUCHRAND

Seit Frühjahr 2011 gibt es am Schönbuchrand bei Schloss Hohenentringen einen Friedwald. Die Idee dazu hatte Burkhard von Ow-Wachendorf, Eigentümer des Schlosses Hohenentringen und des umliegenden Privatwaldes. Zusammen mit der Friedwald GmbH entwickelte er ein auf rund 50 Hektar Wald zugeschnittenes Friedwald-Konzept. Von der gesamten Fläche werden allerdings nur 3 bis 6 Hektar aktuell als Friedwald betrieben. Pro Hektar werden etwa 100

146

Bäume als Erinnerungsbäume ausge-wählt, um die herum jeweils bis zu zehn Menschen beigesetzt werden können.

Die Gemeinde Ammerbuch hatte als zuständige Gemeinde die Zustim-mung für einen Friedwald an dieser Stelle gegeben, das Landratsamt Tü-bingen hat der Nutzung als Friedwald zugestimmt. Damit können jetzt Ein-zelpersonen oder Familien das Recht erwerben, sich an einem zuvor aus-gesuchten Baum bestatten zu lassen. Die Modalitäten schildert Freiherr von Ow-Wachendorf so: »Die Menschen suchen sich zu Lebzeiten entweder einen Laub- oder Nadelbaum aus, an dem sie einmal bestattet sein möch-ten, und kaufen dann das Recht, dort bis zum Ende des auf 99 Jahre ange-legten Friedwaldes in einem Urnen-grab bestattet zu sein.«

Die Bestattung, die von der Familie des Verstorbenen selbst organisiert wird und bei der auf Wunsch selbst-verständlich auch ein Pfarrer dabei sein kann, wird dann von einem Fried-wald-Förster vollzogen. Dabei dürfen auch Blumen und Kränze mitgebracht werden. Nach der Beerdigung bringt der Friedwaldförster jedoch alles weg, was nicht waldtypisch ist. An jedem vergebenen Baum wird eine maximal 10 x 10 Zentimeter große Tafel ange-bracht, auf der der Name und – wenn gewünscht – ein Symbol eingraviert werden kann. Um den Wald in sei-nem natürlichen Charakter zu be-

lassen, wird jedoch keine klassische Friedhofskultur gepflegt. Bis auf den allgemeinen Andachtsplatz, auf dem ein Kreuz zu stehen kommt und der den Blick auf die Ammerbucher Kir-che und den westlichen Schönbuch-trauf im Ammertal freigibt, soll im Friedwald alles so weit wie möglich naturbelassen bleiben – die friedliche Stille des Waldes eingeschlossen.

Burkard von Ow-Wachendorf hatte die Idee zu einem Friedwald bei Hohenentringen.

WINTERFÜTTERUNG:
ÜBERLEBEN IN DER NATUR

Unerwartet ist an diesen Märztagen noch einmal Schnee gefallen. Der Boden ist tief gefroren. Sieben Grad unter null zeigt das Thermometer am frühen Morgen. Die Tiere des Waldes finden jetzt nur schwer die überlebensnotwendige Nahrung. Thomas Bumiller, Forstwirtschaftsmeister aus Bebenhausen, bringt deshalb an diversen Futterstellen Heu, Rüben und eine spezielle Gras-Silage aus. In den Schaugehegen des Schönbuchs wird zudem noch etwas Mais und Hafer zugefüttert. Von Anfang Dezember, wenn die Drückjagden vorbei sind, bis Ende März, wenn Rot- und Rehwild nicht mehr auf die zusätzliche Fütterung angewiesen sind, sucht Thomas Bumiller jeden Morgen die Futterstellen auf und sichert den Waldtieren so ihre Grundnahrung in der kalten Winterzeit. Die Wildtierfütterung hat auch den Zweck, den größeren Verbiss in den forstwirtschaftlichen Kulturen zu vermeiden. Denn in der Not holen sich Hirsche und Rehe aus der nächsten Umgebung, was sie zum Erhalt ihrer Grundenergie benötigen. Hirsche gelten als sogenannte Raufutterfresser, die bei der Nahrungsaufnahme weniger wählerisch sind und Gräser, krautige Pflanzen und Sträucher zu sich nehmen. Rehe sind dagegen »Konzentratselektierer«, die die Nahrung sorgfältig aussuchen. Soweit es geht, wird dies bei der Zufütterung berücksichtigt.

Gut gelaunt macht sich der Tierliebhaber an diesem bitterkalten Morgen an die Arbeit. Der Forstwirtschaftsmeister strahlt und erzählt von seinem größten Jagdglück: Im »Schleppesried«, beim Kohltor, hat er einmal einen 16-Ender erlegt. Mehrere Wochen hat er dem scheuen Tier nachgestellt, immer wieder entwischte ihm der »König des Waldes« in letzter Sekunde. Mal stand der Wind gegen ihn, mal wurde er von einem vorsichtigen Alttier entdeckt. Zum Schluss konnte er seinen Jagderfolg kaum glauben. Auch jetzt, in der Umgebung von wilden Tieren, sieht man ihm sein Glück an. Thomas Bumiller ist Heger und Pfleger mit Herz und Seele, eine Leidenschaft, die in seiner Familie liegt. Wenig später verharrt ein Fuchs mitten auf dem Waldweg. Die Augen des Jägers funkeln. »Ein schönes Tier«, sagt der Wildfütterer. Dann geht die Fahrt weiter zur nächsten Futterstelle.

Auf der Suche nach Nahrung müssen Tiere im Winter oft lange Wege zurücklegen – manchmal werden sie an einer Futterstelle fündig.

*Forstwirtschaftsmeister Thomas Bumiller
bringt in einer Futterkrippe Heu aus.*

An den unzähligen Spuren im Neuschnee rund um die Futterkrippe ist zu erkennen, dass das Futter auch hier gut angenommen wird. »Das Wild ist auf diese ergänzende Nahrung angewiesen«, erklärt Thomas Bumiller und ergänzt: »Die Tiere reduzieren über die kalte Jahreszeit ihren Energiehaushalt, sodass sie sich nicht auf kilometerlange Futtersuche machen können.« Werden sie dennoch zur Flucht gezwungen, verlieren sie überproportional viel Energie. Genau deshalb sind den Forstleuten jene Fremdlinge ein Dorn im Auge, die sich weder an das Wegenetz noch an die Ruheregeln im Wald halten. Insbesondere die sogenannten Stangensucher, die auf der Suche nach einem Geweih in den ersten Monaten im Jahr kreuz und quer durch den Wald laufen, sind den Forstleuten ein Ärgernis. Denn die Widersacher der Förster verhalten sich nicht nur regelwidrig, sie bringen auch das Wild in Bewegung. Das hat zur Folge, dass die Tiere lebensnotwendige Energie und Körpermasse verlieren. Und damit bewirken sie das genaue Gegenteil dessen, was mit einer Winterfütterung beabsichtigt ist.

Gänzlich unumstritten sind Winterfütterungen jedoch nicht. So wird von Natur- und Tierschützern eingewandt, dass die Wildtiere durch das zusätzliche Nahrungsangebot künstlich angelockt und in ihrer räumlichen Orientierung fremdgesteuert werden.

Kritiker wenden auch ein, dass bei dieser Manipulation kaum zusätzliche Verbissschäden in Wald und Feld vermieden würden, weil sich das Rotwild in der Auswahl der Nahrung ohnehin sehr opportunistisch verhalte. Insbesondere erhalte sich das Rotwild nach dem Aussterben der Raubtiere mangels natürlicher Feinde auch ohne diese zusätzlich angebotene Nahrung. Die Winterfütterung zur Arterhaltung sei mithin nur ein vorgeschobener Grund: In Wirklichkeit gehe es neben den Belangen der Forstwirtschaft insbesondere um jagdliche Interessen, nämlich um eine verbesserte Qualität von Trophäen. Die zusätzliche Fütterung widerspreche zudem einem natürlichen Regulativ.

Wildschweine warten im Schwarzwildgehege auf »Nahrungsergänzung«.

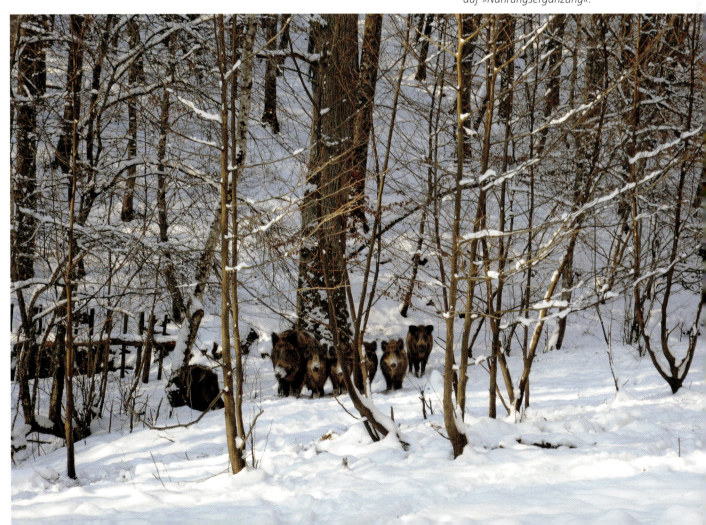

BIZARRE FIGUREN AUS EIS UND SCHNEE:

DER ZAUBER DES WINTERWALDES

Ein Wintermärchen. Wie verzaubert liegt der Schönbuch vor mir. Seit ein paar Tagen liegt der erste Schnee und Väterchen Frost hat bizarre Figuren aus Schnee und Eis in die wunderbare Winterlandschaft gezeichnet. Doch die Idylle trügt. Der Schönbuch gleicht einer Kältekammer. Minus 18 Grad hat das Thermometer in der Nacht angezeigt. Das sind für Mensch und Tier in der freien Natur lebensfeindliche Bedingungen, umso mehr, als noch vor wenigen Wochen plus 15 Grad gemessen wurden.

Kurz nach 6 Uhr bin ich im Wald. Seit gestern Abend, als ich das letzte Mal hier war, hat sich nichts verändert. Absolute Stille. Kein Mensch lässt sich in dieser arktischen Kälte blicken. Kein Vogel zwitschert. Hirsche, Rehe und Wildschweine haben sich tief in den Schutz junger Fichtenschonungen zurückgezogen. Auch an den Futterstellen, oben im »Eschachhau« und beim ehemaligen Wildgehege »Langer Rücken« erscheinen die Tiere des Waldes nicht. Etliche Spuren im Schnee lassen dennoch darauf schließen, dass hier das Wild sehr häufig wechselt und dort drüben müssen Wildschweine auf Nahrungssuche gewesen sein – der Boden ist durchpflügt.

Wunderbare Winterlandschaft beim Altdorfer Sträßle

Prachtvoll zeigen Eichen und Buchen ihren Überlebenswillen, recken trotzig ihre blätterlosen Äste in den Himmel. Im Winter offenbaren sie ihre kräftigen Körper noch mehr als zu den anderen Jahreszeiten. Nichts liegt näher, als jetzt die mächtige Ladstockbuche aufzusuchen. So biege ich ein ins obere Kirnbachtal, wandere – noch immer in der Dunkelheit – dem zugefrorenen Bach entlang und finde schließlich das »Katzensteigle«, einen kleinen Weg, der über den mäandernden Kirnbach führt. Ab hier kann es nicht mehr weit zu meinem Ziel sein. Ich treffe auf die Bärlochallee, gehe ein paar Meter nach links und finde dort den Vogtstein. Hinter meinem Rücken geht die Sonne wie auf Bestellung auf – denn ohne etwas Licht, wäre der markante Baum nur schwer zu finden. Nun geht es noch

Wohltuende Stille im Kleinen Goldersbachtal

ein paar Meter in westlicher Richtung und da steht sie auch schon: die Ladstockbuche: erhaben und schön.

Der Erste bin ich nicht, der diesen Baum mitten im Wald und abseits eines Weges gefunden hat. Davon zeugen etliche Schnitzereien in die Baumrinde. Aber vielleicht bin ich der Erste, der dieses Naturdenkmal unter solch' extremen Bedingungen aufgesucht und dann respekt- und ehrfurchtsvoll an dem Baumriesen emporgeblickt hat. Danach wechsle ich zum Troppenden Wasen. Auch hier liegt über dem Schönbuch der Zauber der Natur und eine wohltuende Stille.

EIN GESPRÄCH MIT PETER HÄRTLING:

»DIE NATUR SOLLTEN WIR NICHT AUFS SPIEL SETZEN«

»Im Frühjahr blüht mir Bebenhausen.« Mit diesem doppeldeutigen Satz hat sich Peter Härtling mit mir in Bebenhausen verabredet. Dass es an jenem Frühlingstag draußen nicht blühte, sondern schneite, tat dem Gespräch keinen Abbruch. Im Gegenteil. Wir zogen uns in eine warme Stube eines noblen Gasthauses in Bebenhausen zurück und redeten über den Schönbuch und Bebenhausen, über Hölderlin und Mörike, über Natur und Kultur, über Politik und Privates. Viel zu schnell ging das Gespräch zu Ende. Deshalb verabredeten wir uns erneut – es könnte nicht passender sein: mitten im Schönbuch, diesmal am Tscherningstein, um von dort zu einem ehemaligen jüdischen Friedhof zu gehen.

HERR HÄRTLING, WAS VERBINDET SIE PERSÖNLICH MIT DEM SCHÖNBUCH?

Peter Härtling:

Mich verbindet mit dem Schönbuch ein Stück Arbeit. Ganz bestimmte Orte im Schönbuch wurden für mich wesentlich. Bebenhausen nicht zuletzt.

Als ich das Buch über Hölderlin und das Buch über die tragische Liebesgeschichte zwischen Eduard Mörike und Maria Meyer schrieb, bin ich ihren Spuren zaghaft nachgewandert. Genau genommen waren das nachdenkliche Spaziergänge und Nachprüfungen. Ich habe mir vorgestellt, wie Hölderlin und Mörike einst gewandert sein mochten. Ich habe mir überlegt, wie lange sie von Tübingen nach Stuttgart oder nach Nürtingen unterwegs waren und welche Wege sie gegangen sein könnten. Vielleicht sind sie durchs Neckartal oder durch den Schönbuch zu den Fildern gelangt. Vielleicht sind sie ein Stück auf der alten Schweizer Straße gewandert oder gefahren. Ich habe mir auch überlegt, ob sie sich an feste Wege gehalten haben.

UND ZU WELCHEM SCHLUSS SIND SIE GEKOMMEN?

Peter Härtling:

Ich glaube nicht, dass sie auf der Straße gewandert sind. Ich nehme an, sie sind mit einer affenartigen Geschwindigkeit unterwegs gewesen. Wahrscheinlich sind sie Abkürzungen gegangen. Das heißt: Sie haben den Schönbuch im genauesten Sinn des Wortes durchquert. Dadurch haben sie ein Empfinden für die Natur bekommen. Wenn Hölderlin den Wald auf seine Weise besingt, die Eichbäume usw., oder wenn Mörike in seinen Märchen und Erzählungen den Wald aufruft, dann ist es, nehme ich an, eine Schönbuch-Erfahrung.

SIE SIND IN DER NACHKRIEGSZEIT OFT NACH BEBENHAUSEN ZURÜCKGEKOMMEN. WAS VERBINDET SIE MIT DIESEM IDYLLISCHEN ORT?

Peter Härtling:

In Bebenhausen war nach dem Krieg das Hölderlin-Archiv angesiedelt, das damals von Alfred Kelletat geleitet wurde. Hier war auch der Sitz der ersten schwäbischen Regierung nach dem Krieg, nämlich des Landtages und der Regierung von Württemberg-Hohenzollern, die hier zwischen 1947 und 1952 zu ihren Tagungen zusammenkamen. Ich selbst war in Bebenhausen oft mit meinem Freund Johannes Poethen unterwegs. Bebenhausen war der Ort, wo wir uns getroffen haben. Wir haben über Hölderlin gesprochen und über Mörike nachgedacht.

WAR BEBENHAUSEN FÜR SIE AUCH EIN RÜCKZUGSORT?

Peter Härtling:

Ja. Hier konnten wir in Ruhe reden. Diese Gespräche waren ganz wichtig für mich. Dort sind für mich auch die Bebenhäuser Erinnerungen von Mörike ganz wesentlich geworden, denn wenn Sie den großen Gedichtzyklus lesen, dann geschieht hier auch für Mörike etwas ganz Eigentümliches. Es ist zum einen die märchenhafte Erinnerung an die schwäbischen Urkönige und zum anderen die Erinnerung an eine Art von Geistermusik. Mörike war ein hoch musikalischer Mensch. Er hat diese Musik im Kloster gehört.

Peter Härtling:

Hölderlin hat die Natur begriffen. Nachdem sein Empedokles feststellt, dass es ihm nicht gelingen kann, seine Umgebung, die Menschen, zu überreden, schonend mit der Natur umzugehen, stürzt er sich in den Ätna. Weil er die Natur begriffen hat, sollte man seine Texte gewissermaßen als Gesetzestexte für unseren Umgang mit der Natur lesen. Das, was wir an Natur haben, sollten wir nicht aufs Spiel setzen. Das ist das, was ich gelernt habe im Umgang und im Nachgang mit den romantischen Dichtern.

Peter Härtling:

Ja, eindeutig. In vielen Briefen und Gedichten Hölderlins drückt sich ein beinahe selbstverständlicher Umgang mit der Natur aus, geboren und erfahren aus einer ganz »natürlichen« Kenntnis der Natur. Etwa die Antwort auf die Fragen: Wie legt man sich ins Gras? Wie genießt man den Abend auf dem Rücken liegend? Welche Geräusche hat der Wald? Dieses elementare Wissen der Natur wird bei Hölderlin in den Gedichten oft in Nebenversen ganz deutlich.

Peter Härtling:

Ich habe mich, vor allem als ich den Roman »Hölderlin« schrieb, gefragt: Was unterscheidet unsere Naturerfahrung von den Naturerfahrungen Hölderlins. Ich möchte folgende Antwort geben: Es sind zunächst einmal die Geräusche. Wenn Sie heute durch den Wald im Schönbuch spazieren, hören Sie mit Sicherheit auf den Straßen die Autos, Sie hören die Flugzeuge, die in Stuttgart landen oder starten. Diese Geräusche sind ständig in der Luft. Hölderlin hörte dagegen Naturgeräusche. Er hörte, wenn irgendwo ein Ast abbrach, er hörte, wenn irgendwo ein Tier aus dem Wald brach. Er hörte das Wasser rauschen. Er hörte Menschen. Er hörte Tierstimmen. Er hörte Laute. Dieser große Unterschied zur heutigen Zeit wird in den Dichtungen Hölderlins deutlich. Hölderlin hatte ein anderes Gehör und auch ein anderes Raumgefühl.

Peter Härtling:

Ja. Das hat sicherlich auch mit deren Körperlichkeit zu tun. Hölderlin war, wie man weiß, ein durchaus kräftig gewachsener, schlanker Mann. Mörike war ein gedrungener, kleiner Mann. Mörike war wahrscheinlich in seinen Bewegungen schneller und wendiger. Mörike war auf seinen Wanderungen mit den Augen unterwegs, Hölderlin war dagegen mit den Ohren unterwegs. Mörike, dieser musikalische Mann, war beim Wandern ein Augenmensch. Für mich ist »Orplid« das schönste seiner Gedichte. Da rückt er sozusagen die Natur in eine utopische Ferne. Orplid ist nicht bewaldet. Orplid ist eine Insel. Mörike hatte in Wirklichkeit aber gar keine Ahnung von einer Insel, er war nie auf einer Insel. Dieses Wegrücken der Natur ins Schöne, ins Bildhafte, gehört zu Mörikes Wesen. Obwohl Mörike arm war, ist er oft mit der Kutsche von Tübingen nach Stuttgart gefahren. Mörike machte sich ein Bild von der schönen Natur. Hölderlin erwanderte sie. Das sind die Unterschiede. Es gibt weitere: Hölderlin würde sich heute einsetzen, würde seine Wut an seine Freunde weitergeben, würde handeln. Er würde engagiert sein, wie er es gewesen ist. Mörike würde dagegen wahrscheinlich seine

Das Mörikehaus in Bebenhausen

Unruhe und Unrast den anderen mitteilen, aber sich lieber nicht einmischen. Die beiden lassen sich da wunderbar kontrastieren.

WELCHE ERFAHRUNGEN HAT DER DICHTER PETER HÄRTLING MIT DER NATUR GEMACHT?

Peter Härtling:
Ich bin genau genommen ein geborener Städter. Ich habe in meiner Kindheit zwar Natur erfahren. So erinnere ich mich, wie ich in einem sächsischen Dorf auf Stoppelfeldern habe Drachen steigen lassen. Ich erinnere mich auch, wie ich den natürlichen Raum genossen habe. Doch dann wuchs ich in Städten auf. Städte aber sind widernatürlich. Die Natur der Stadt ist der Stein.

GIBT ES FÜR SIE DENNOCH DIE KONKRETE VORSTELLUNG VON EINEM NATURZUSTAND?

Peter Härtling:
Später habe ich die Natur genießen gelernt und zwar ähnlich wie Mörike. Für mich ist der Blick von Nürtingen her oder von Tübingen auf die Alb der ganz natürliche Blick. Dieser Blick fehlt mir, wo immer ich auch bin. Diese »blaue Wand« ist für mich das Inbild der Natur.

LITERATURVERZEICHNIS

Aichele, Dietmar: Was blüht denn da? Wild-wachsende Blütenpflanzen Mitteleuropas. Stuttgart 1991

Arnold, Walter: Der Wald im Naturpark Schön-buch. In: Deutsche Forschungsgemeinschaft: Das landschaftsökologische Forschungsprojekt Naturpark Schönbuch, 1986

Bach, Kurt: Johannes Fallati als Politiker. Ein Beitrag zur Geschichte der liberalen Bewegung und der Revolution von 1848/49. Tübingen 1922

Beißner, Friedrich und Schmidt, Jochen (Hrsg.): Hölderlin. Werke und Briefe. Frankfurt am Main 1969

Birlinger, Anton: Die Namen Schönbuch und Blaubeuren. In Alemannia. Bd. 11 (1883), S. 146 – 148

Buck, Dieter: Das große Buch vom Schönbuch. Tübingen 2000

Buck, Dieter: Ausflugsziel Schönbuch. Tübin-gen 2008

Christoph, Andreas: Bestandsaufnahme auf der Neuweiler Viehweide. Unveröffentlichte Arbeit zur Erlangung eines Bachelor of Arts. Rottenburg 2011

Ebert, Karl-Heinrich: Rotwildbewirtschaftungs-modell im Schönbuch. In: Jagen in Zukunft – Neue Herausforderungen zur Bejagung des Schalenwildes. Tagung für die Jägerschaft am 11. und 12. Februar 2003

Förderverein Naturpark Schönbuch e. V. (Hrsg.): Naturpark Schönbuch. Ein Kleinod in der Mitte Baden-Württembergs. Tübingen 2008

Frick, Alexander: Unverstandenes mittelhoch-deutsches Sprachgut in unseren Flurnamen. In: JBL 55 (1955), S. 75 – 95

Frommer, Sören und Kottmann, Aline: Die Glashütte Glaswasen im Schönbuch. Büchen-bach 2004

Gamer-Wallert, Ingrid und Lorenz, Sönke (Hrsg.): Der Schönbuch. Mensch und Wald in Geschichte und Gegenwart. Tübingen 1999

Göpfert, Herbert G. (Hrsg.): Eduard Mörike. Werke in einem Band. München, Wien 2004

Graner, Ferdinand: Geschichte der Waldge-rechtigkeiten im Schönbuch. Stuttgart 1929

Grees, Hermann (Hrsg.): Der Schönbuch. Bei-träge zu seiner landeskundlichen Erforschung. Bühl 1969

Grees, Hermann: Eine prächtige Schön-buchkarte. In: Wolfgang Sannwald (Hrsg): Schönbuch, Neckar, enge Gassen. Ortspläne und Landkarten aus vier Jahrhunderten. Gomaringen, 1996

Grees, Hermann: Zwei bisher nicht bekannte Landkarten von Andreas Kieser. In: Zeitschrift für württembergische Landesgeschichte, 60. Jg. 2001

Haering, Hermann (Hrsg.): Schwäbische Lebensbilder. Stuttgart 1950

Härtling, Peter: Hölderlin. Ein Roman. Mün-chen 2008

Härtling, Peter: Die dreifache Maria. Eine Geschichte. München 2002

Hahn, Joachim: Erinnerungen und Zeugnisse jüdischer Geschichte in Baden-Württemberg. Stuttgart 1988

Hahn, Walter: Eine Wanderung durch den Schönbuch. Aalen 1956

Hahn, Walter: Der Waldwanderer im Schön-buch. Weil im Schönbuch 1972

Heinzel, Hermann u. a.: Pareys Vogelbuch. Hamburg, Berlin 1992

Heß, Richard: Lebensbilder hervorragender Forstmänner. Berlin 1885

Jens, Walter: Eine deutsche Universität. 500 Jahre Tübinger Gelehrtenrepublik. München 1977

Kieß, Rudolf: Die Rolle der Forsten im Aufbau des württembergischen Territoriums bis zum 16. Jahrhundert. In: Veröffentlichungen der Kommission für geschichtliche Landeskunde in Baden-Württemberg, Reihe B Forschungen, 2. Band, Stuttgart 1958

Kirschfeld, Paul: 150 Jahre Waldaufbau im Schönbuch (1810 – 1960). In: Hermann Grees (Hrsg): Der Schönbuch. Beiträge zu seiner landeskundlichen Erforschung. Bühl 1969

Klüpfel, Karl August: Aus Johannes Fallatis Tagebüchern und Briefen. Ein Beitrag zur Geschichte des Jahres 1848. In: Württember-gische Vierteljahreshefte für Landesgeschichte. Jahrgang 8/1885

Königliches topographisches Bureau (Hrsg.): Beschreibung des Oberamts Böblingen. Stutt-gart und Tübingen 1850

Kremer, Bruno P.: Die Bäume Mitteleuropas. Stuttgart 1998

Lexer, Matthias: Mittelhochdeutsches Taschen-wörterbuch, Stuttgart 1976

Lorenz, Sönke: Der Reichswald Schönbuch und die Pfalzgrafen von Tübingen. In: Der Schönbuch. Mensch und Wald, S. 47 – 57

Lorenz, Sönke: Staufer, Tübinger und andere Herrschaftsträger im Schönbuch. In: FS Ger-hard Baaken, S. 285 – 320

Maichle-Schmitt, Ursel: Mönchswege und

Klostergeschichten. Reutlingen 2007

Meyerdirks, Uwe: Neuere Untersuchungen in der spätmittelalterlichen Einsiedelei im Schönbuch. In: Archäologische Ausgrabungen in Baden-Württemberg (2003)

Ministerium für Ernährung und Ländlichen Raum, Baden-Württemberg (Hrsg.): Streuobstwiesen in Baden-Württemberg. Daten, Handlungsfelder, Maßnahmen, Förderung. Fellbach 2009

Morrissey, Christoph: Sein oder Schein. Der Schönbuch und einige Aspekte der älteren Siedlungsgeschichte. In: Zeitschrift für Württembergische Landesgeschichte, Bd. 62 (2003), S. 11 – 30

Nagel, Gerhard: Des Schönbuchs stumme Zeugen. Tübingen 2010

Naturpark Schönbuch (Hrsg.): Zeugen der Vergangenheit. Kleindenkmale im Naturpark Schönbuch. Tübingen 2010

Paulus, Eduard: Der Schönbuch mit seinen Alterthümern. In: Schriften des Württembergischen Alterthums-Vereins, Fünftes Heft, 1859

Reichardt, Lutz: Ortsnamenbuch des Kreises Tübingen. Veröffentlichungen der Kommission für geschichtliche Landeskunde in Baden-Württemberg. 104. Band. Stuttgart 1984

Reutlinger General-Anzeiger. Ausgabe 31. März 2000

Rohrer, Emil: Der Streit um Friedrich Theodor Vischer in den 1840er Jahren. In: Blätter für württembergische Kirchengeschichte. Neue Folge 38 (1934). Seiten 306 – 324

Rupp, Mattias: Der Wald als Kulturlandschaft und Biodiversität. Lichte Wälder durch Beweidung. Unveröffentlichte Dissertation. Freiburg 2011

Sannwald, Wolfgang (Hrsg.): Schönbuch, Neckar, enge Gassen. Ortspläne und Landkarten aus vier Jahrhunderten. Gomaringen 1996

Sannwald, Wolfgang: Die fortschrittlichste Privatkartierung. In: Wolfgang Sannwald (Hrsg.) ebenda

Schaal, Werner: Der Schönbuch. Bilder einer Waldlandschaft. Tübingen 2007

Schahl, Adolf: Der Schönbuch als Kunstlandschaft. Ohne Ortsangabe

Schmidt, Uwe Eduard: Waldfrevel contra staatliche Interessen. In: Der Bürger im Staat, 1/2001. Der deutsche Wald. Hrsg.: Landeszentrale für politische Bildung

Schreiner, Klaus: Disziplinierte Wissenschaftsfreiheit. Gedankliche Begründung und geschichtliche Praxis freien Forschens, Lehrens und Lernens an der Universität Tübingen, 1477 – 1945. Tübingen 1981

Schwarzwälder Kreis-Zeitung. Ausgabe 22. Januar 1865

Schwenk, Konrad: Wörterbuch der deutschen Sprache. Frankfurt/Main 1838

Setzler, Wilfried: Perle im Schönbuch: 800 Jahre Kloster Bebenhausen. In: Tübinger Blätter, Bd. 74 (1987), S. 15 – 16

Sieber, Eberhard: Stadt und Universität Tübingen in der Revolution von 1848/49. Tübingen 1975

Tscherning, Friedrich August. Die älteste Schönbuch-Ordnung von 1553. In: Württembergische Vierteljahreshefte für Landesgeschichte. Neue Folge, 8. Jahrgang, 1899, S. 435 – 446. Stuttgart 1899

Tscherning, Friedrich August: Über die Bedeutung des Waldnamens Schönbuch. In: Besondere (Literar.) Beilage des Staatsanzeigers für Württemberg (1881), S. 23 – 26

Tscherning, Friedrich August: Ein Judenfriedhof in (der) Mitte des Schönbuchs. In: Reutlinger Geschichtsblätter Bd. 5 (1894), S. 27

Tscherning, Friedrich August: Zur Geschichte und Beschreibung des Klosters Bebenhausen. In: Besondere (Literar.) Beilage des Staatsanzeigers für Württemberg (1881), S. 241 – 263

Tscherning, Friedrich August: Beherbergung von Förstern und Jägern während des Mittelalters. In: Reutlinger Geschichtsblätter, 6, 1895, S. 61

Tscherning, Friedrich August: Collectaneen zur Geschichte des Schönbuchs. Niedergeschrieben in den Jahren 1858 – 1892. Übertragen von Werner Wittmann nach dem Original der Universitätsbibliothek Tübingen (Mh 889). Tübingen 1993

Ulmer, Werner: Naturpark Schönbuch. Weil im Schönbuch 1981

Vischer, Friedrich Theodor: Prosaschriften. Stuttgart, ohne Jahresangabe

Vogt, Friedrich: Zu den Namen »Schönbuch« und Schaich«. In: Beiträge zur Namenforschung Bd. 6 (1955). S. 287 – 292

Waldgesetz für Baden-Württemberg in der Fassung vom 31. August 1995, GBl. 1995 S. 685, GBl. 2008, S. 313

Wiechert, Ernst: Hirtennovelle. München, Wien 1988

Zeyher, Max: Der Schönbuch. Stuttgart 1957